초등학생을 위한 맨 처음 과학 2

초등학생을 위한 맨 처음 과학 2

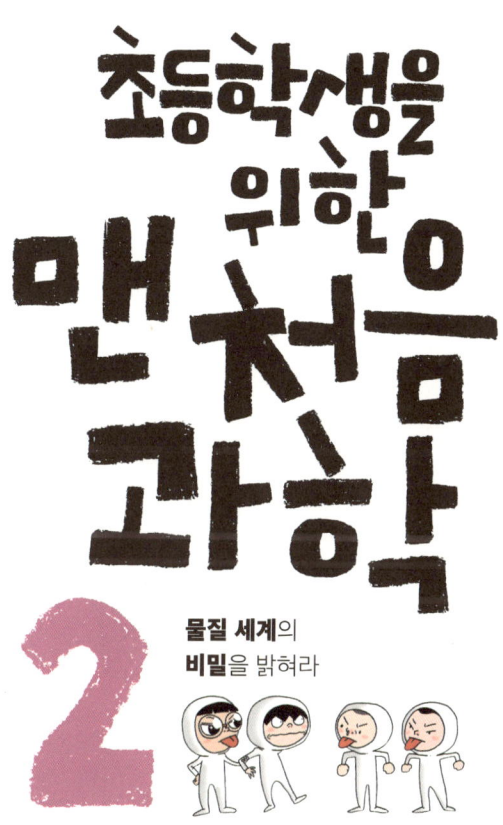

물질 세계의 비밀을 밝혀라

김태일 글 | 마정원 그림 | 홍준의·최후남·고현덕·김태일 원작

휴먼어린이

초대하는 글

어린이 여러분, 과학 좋아하세요?

"네!" 하고 크게 대답하는 소리가 들리는 듯하군요.

그런데 이상하게 중학생만 되면 과학을 많이 어려워합니다. 싫어하는 과목으로 서슴없이 '과학'을 꼽기도 하고요. 이해하기 어렵고 외워야 할 것이 너무 많다나요. 과학을 가르치는 선생님으로서 참 안타깝고 마음이 무거웠답니다. 기본 원리만 잘 이해하고 과학적으로 생각하는 방법만 익히면 누구나 과학을 어렵지 않게 공부할 수 있을 텐데 말이죠.

이렇게 똑같이 고민하던 네 명의 과학 선생님이 모여서 "멋진 과학 교과서 하나 만듭시다!" 하고 만든 책이 바로 중·고등학생용 《살아있는 과학 교과서》랍니다. 선생님들은 "어떻게 하면 아이들이 과학의 기본 원리를 익히고 과학적으로 생각하는 즐거움을 맛보게 할 수 있을까? 또 어떻게 하면 과학이 우리의 생활과 뗄 수 없는 관계라는 것을 느끼게 할 수 있을까?" 하는 질문에 대한 해결책을 책에 담고자 많은 노력을 했답니다.

《초등학생을 위한 맨처음 과학》은 《살아있는 과학 교과서》를 초등학생 독자들도 알기 쉽게 만화로 만든 것이랍니다. 어려운 책을 단순히 만화로 바꾸기만 한다고 쉽게 이해되는 것은 아니겠지요? 그래서 만화로 만드는 과정에서 초등학생이 이해하기 어려운 부분은 쉽게 풀어내고, 새로 알아야 할 내용은 추가했답니다. 그리하여 초등학생에게 적합한 과학책으로 다시 태어났답니다.

《초등학생을 위한 맨처음 과학》에는 과학의 기본 원리나 과학적으로 생각하는 방식이 발명가 아저씨와 아이들의 대화 속에 자연스럽게 스며들어 있습니다. 아저씨와 아이들은 특별한 사람이 아닙니다. 여러분의 삼촌이나 이웃을 떠올리며 아저씨를 그렸고, 아이들도 바로 여러분의 모습을 담아냈습니다. 아저씨와 아이들은 좌충우돌하며 주변에서 일어나는 일에 대해 자연스럽게 고민하고 과학적으로 해결해 나갑니다. 이들의 대화 속에는 과학적 개념이 녹아 있으며, 과학적으로 생각하는 과정이 살아 있습니다. 여러분도 이렇게 과학을 공부하면 좋겠습니다. 책을 통해 알게 된 사실을 친구나 부모님과 자연스럽게 얘기를 나누는 과정이 바로 과학 공부지요.

이 책에는 과학 개념과 생각할 거리가 많이 들어 있습니다. 그렇다고 '과학 공부'만 앞세운 딱딱한 책은 절대 아니에요. 과학을 쉽게 배우는 동시에 이야기를 읽는 즐거움까지 느낄 수 있도록 애썼답니다. 독특한 성격의 아이들, 풍부한 상상력과 기발한 아이디어를 가진 아저씨가 날리는 한마디 한마디가 새로운 즐거움을 가져다줄 것입니다. 자, 이제 함께 과학이 펼치는 풍부한 이야기 속으로 빠져들어 볼까요?

2016년 9월
김태일

등장인물

발명가 아저씨

엉뚱한 상상력으로 희한한 발명품들을 만들지만 늘 실패한다.
동네 아이들에게 친절하게 과학을 설명하는 순수한 아저씨.

팽숙

전교 1등을 놓쳐 본 적이 없는 우등생.
하지만 잘난 체를 너무 많이 한다는 단점이 있다.

영배

조금 바보스럽지만 번뜩이는 생각을 많이 쏟아 낸다.
착하고 다정다감하다.

철수

영배의 단짝 친구. 축구를 좋아한다.
메시 같은 축구 선수가 되는 것이 꿈.

을미

조용하지만 과학에 대한 호기심이 많고
자연에 대한 감성은 누구보다 섬세하다.

덕구

발명가 아저씨네 집에서 사는 강아지.

차례

초대하는 글 　　　　　　　　　　　　　　4
등장인물 　　　　　　　　　　　　　　　6

1 생활 속 과학 원리 　　　　　　　　　10

2 물질

01 원자, 물질을 이루는 기본 입자 　　　22
　　진공청소기의 내부는 정말 진공일까? 　36

02 물질의 분류 　　　　　　　　　　　38
　　석유, 현대 물질문명의 감초 　　　　48

03 원소란 무엇일까? 　　　　　　　　52
　　원소 주기율표 　　　　　　　　　　62

04 물질의 변화 　　　　　　　　　　　64
　　연금술사의 유산 　　　　　　　　　74

3 변화

01 지각을 이루는 물질 — 78
지각은 다양한 암석의 전시장 — 90

02 지표의 변화 — 92
침식과 퇴적은 자연의 예술가 — 102

03 생물을 이루는 물질 — 104
다이아몬드와 흑연의 엇갈린 운명 — 114

04 인체의 변화 — 116
공기로 빵을 만든 과학자, 하버 — 126

05 천체를 이루는 물질 — 128
천체와 인간의 몸을 구성하는 물질이 같다? — 140

4 화학 반응

01 산과 염기의 반응 — 144
신맛 나는 과일이 왜 알칼리성 식품일까? — 156

02 소화와 흡수 — 158
소화는 어떻게 이루어질까? — 168

03 화학 전지 — 170
번개의 정체를 찾아서 — 180

04 화학 반응과 에너지 — 182

세상을 빛낸 과학, 과학자들 — 192

1 생활 속 과학 원리

| 유심히 들여다보자 |

과학의 원리는 우리 생활 곳곳에 숨어 있습니다.
평소에 아무런 의심 없이 지나쳤던 일들도 '왜 그럴까' 하는
의문을 가지고 다시 한 번 유심히 들여다보세요.
일상에서 마주치는 여러 현상에 대해 의문을 던지는 것,
이것이 과학적 사고의 출발점입니다.

19세기 중엽의 화학자 케쿨레는 원자가 어떤 모양으로 연결되어
분자를 만드는지를 밝혀냄으로써 세계의 주목을 받았습니다.
그는 오랫동안 고민하던 문제를 푸는 아이디어를 꿈속에서 얻었지요.

어느 날, 케쿨레는 작은 물체들이 깡충깡충 뛰어다니면서
다양한 원자 결합의 모습을 보이는 꿈을 꾸었습니다.
이렇게 해서 중요한 분자들의 구조를 알아냈지만
그에게는 골칫거리가 남아 있었습니다.
바로 벤젠이라고 불리는 화합물이었지요.

과학의 역사에서 중요한 발견은 이처럼 우연히 이루어진 예가 많습니다.
뢴트겐은 음극선 실험을 하다가 우연하게 X선을 발견했습니다.
기존의 광선보다 훨씬 큰 투과력을 가진 방사선은 오늘날 여러 분야에서 널리 사용되고 있지요.
뢴트겐은 이 업적으로 1901년 최초의 노벨물리학상을 수상했습니다.

나이트로글리세린은 매우 강하지만 작은 충격에도 쉽게 폭발하는 단점이 있었습니다.
노벨은 우연하게 나이트로글리세린이 규조토 속에 쉽게 흡착되는 것을 보고 다이너마이트를 만들게 되었지요.

| 구체적 질문을 던지자 |

감기나 몸살 기운이 있을 때 병원에 가서 의사와 주고받을 법한 대화입니다.
이때 의사가 환자에게 던지는 질문은 열이 있는지, 수면 시간은 충분한지 등
매우 구체적입니다.

영배와 팽숙이는 둘 다 태양에 대해 질문하고 있지만 차이점이 있습니다.
영배의 질문이 막연하고 애매하다면,
팽숙이의 질문은 구체적이고 분명하지요.
마치 아마추어와 전문가의 차이라고나 할까요?
영배의 질문과 달리 팽숙이의 질문은
이런 답을 이끌어 낼 수 있습니다.
"태양은 수소 기체가 핵융합 반응을 일으켜
타고 있기 때문에 고온의 불덩이다."
"태양의 표면 온도는 약 6,000℃이다."
어때요? 구체적인 질문을 해야 좀 더 분명한 답을 얻을 수 있겠지요?

| 간단한 것부터 생각하자 |

공부에도 요령이 있습니다.
성적이 좋은 학생은 머리가 좋기보다는
공부 요령을 터득하고 있는 경우가 많습니다.
그 요령 가운데 하나는 '간단한 것부터 시작한다.'는 것입니다.
예를 들어, 수학 과목에 자신이 없을 때 가장 좋은 방법은
얇고 쉬운 참고서부터 공부하는 것입니다.
이같이 간단한 것에서 시작해 어려운 것을 이해해 가는 것이
최선입니다.

과학의 발전도 이런 길을 걸어왔습니다.
갈릴레이는 우주를 지배하는 법칙을 찾으려고
많은 노력을 기울인 과학자입니다.
그는 우선 망원경을 만들어 행성과 태양을 '보는',
실로 간단한 것부터 시작했습니다.
간단한 노력들이 축적된 결과 갈릴레이는 지동설이라는
대법칙을 확인하는 업적을 이뤄 냈습니다.
만약 갈릴레이가 무작정 '우주를 지배하는 법칙은
무엇일까?'라는 어려운 질문에 골몰했다면
어떻게 되었을까요?

실제로 그런지 확인하자

과학에서 어떤 이론이 옳은지 그른지를 판단하는 방법은 간단합니다.
실험이나 관측을 통해 확인하면 되지요.
이것 이외의 방법은 없습니다.
어떤 이론이 아무리 그럴듯하게 보이더라도
실제로 그렇지 않으면 아무 소용이 없습니다.
현상과 일치하는지 아닌지가 과학의 유일한 기준입니다.

좋은 예로 갈릴레이가 1590년에 했던
피사의 사탑 실험을 들 수 있겠네요.
그 실험 전까지 사람들은 무거운 물체가
가벼운 물체보다 먼저 떨어지는 것이
당연하다고 믿었습니다.
하지만 사실을 확인해 보는 간단한 실험 하나로
2,000년 동안이나 사람들이 잘못 알고 있던
과학의 진실 하나가 밝혀졌습니다.
공기 저항이 없는 곳에서 모든 물체는 똑같이
떨어진다는 사실이죠.

미안, 그런 줄만 알았지.

아깝다! 떨어뜨려 보기만 했어도 내가 유명해졌을 텐데….

| 실험은 머리로도 할 수 있다 |

아인슈타인은 과학자에게 필요한 것은 상상력이라고 했습니다. 맛있는 음식이 그려진 그림을 보고 침을 흘리는 개는 없지만 사람은 그림을 보고도 실제 음식을 상상할 수 있는 능력이 있습니다. 상상력이야말로 인간만이 가진 능력이지요!

그리스 철학자 아르키메데스는 자신에게 적당한 받침점을 준다면 지레를 이용해서 지구도 들어 올릴 수 있다고 말했습니다. 실제로 할 수 없는 실험이지만 머릿속에서는 충분히 가능하지요. 지레로 지구를 움직이려고 하는 것과 같이 머릿속에서만 성립되는 실험을 '사고 실험(思考實驗)'이라고 합니다.

| 생각을 실험으로 옮겨 보자 |

과학자들은 서로 생각을 말하고 의견을 나누는 과정에서
많은 사람이 납득하는 생각을 과학 이론으로 인정합니다.
자기 마음대로 낸 생각은 다른 사람을 납득시킬 수 없습니다.
물론 처음부터 완벽하게 생각하는 것은 어렵기 때문에 한때 옳다고 생각한 것도
새로운 사실이 발견되면 수정되거나 더욱 설득력 있는 다른 생각으로 바뀔 수 있습니다.

교실에서 서로 의견을 나눌 때도 이 점을 기억해 두세요. 우선 자신의 경험이나 떠오른 생각,
어디에선가 알게 된 것, 이제까지 배운 것, 관찰한 결과 등 여러 가지 사실을 기초로 해서
자신의 의견을 가지도록 합시다.
과학적으로 생각한다는 것은 하나의 현상을 여러 각도로 유연하게 바라보는 것을 뜻합니다.
실험이나 관찰을 통해 여러 가지 가능성을 생각해 보고, 자신의 생각을
많은 사람이 알기 쉽도록 전달하려는 노력이 중요합니다.
과학 공부를 통해 이 같은 힘을 길러 보세요!

2 | 물질

01 원자, 물질을 이루는 기본 입자 | 02 물질의 분류
03 원소란 무엇일까? | 04 물질의 변화

01 원자, 물질을 이루는 기본 입자

물질을 쪼개어 나가면 어떻게 될까요? 눈에 보이지 않을 정도로 작아지다가 사라져 버릴까요? 아니면 눈에 보이지는 않지만 작은 알갱이가 남아 있을까요? 물질을 이루는 가장 작은 알갱이인 원자를 찾아낸 과정을 함께 따라가 봅시다.

각설탕

❶ 물질은 어떻게 이루어져 있을까?

❷ 원자의 발견

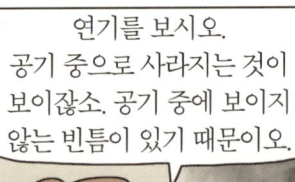

마그데부르크 반구 실험의 원리
공기를 빼내기 전 반구. 2개를 맞댄 상태에서는 외부 공기의 압력과 내부 공기의 압력이 같기 때문에 2개의 반구가 쉽게 떨어진다. 그러나 내부 공기를 모두 빼내면 내부 공기의 압력이 매우 낮아지고 상대적으로 외부 공기의 압력이 매우 높아지기 때문에 반구는 잘 떨어지지 않는다. 실제로 반구를 떼어 내는 데 양쪽에 8마리씩의 말이 필요했다고 하며, 반구가 떨어지는 순간 주변에서 지켜보던 사람들은 대포를 쏘는 듯한 큰 굉음에 매우 놀랐다고 한다.

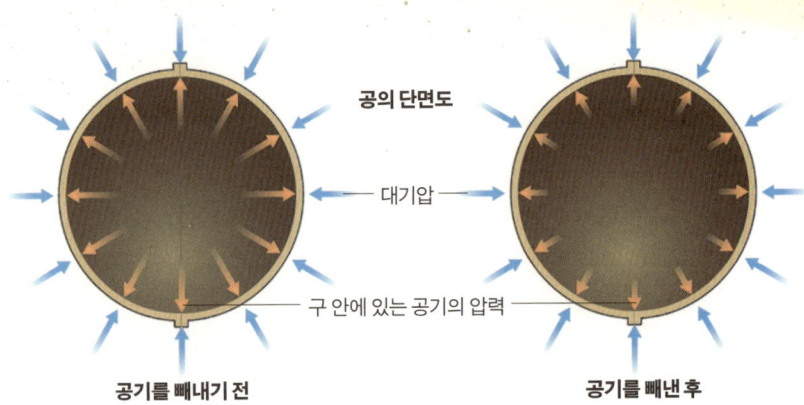

게리케의 실험
게리케는 반구 2개를 맞붙여 놓고 그 안의 공기를 진공 펌프로 빼낸 다음 한쪽에 8마리씩 모두 16마리 말의 힘을 빌려 그 반구를 떼어 놓는 실험을 했다. 이것은 진공 상태의 반구를 누르는 기압의 크기가 얼마나 큰지를 보여 준 실험이었다.

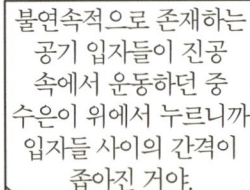

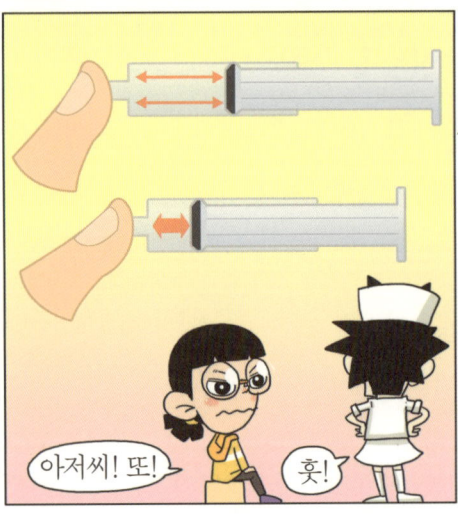

| 돌턴의 원자설 |

① 모든 물질은 더 이상 쪼갤 수 없는 원자로 되어 있다.

② 원자의 종류가 같으면 크기와 질량이 같고, 원자의 종류가 다르면 크기와 질량이 다르다.

③ 화학 변화가 일어날 때 원자는 없어지거나 새로 생기지 않으며, 다른 종류의 원자로 변하지 않는다.

④ 화합물은 항상 일정한 종류와 수의 원자가 결합하여 이루어진다.

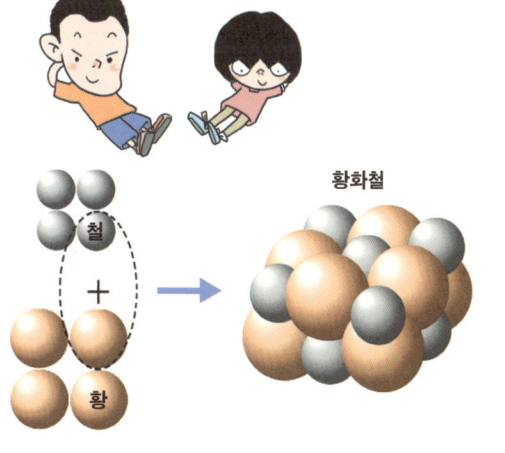

핵분열 반응이 일어나면 원자를 쪼갤 수 있다는 것도 알게 되었어.

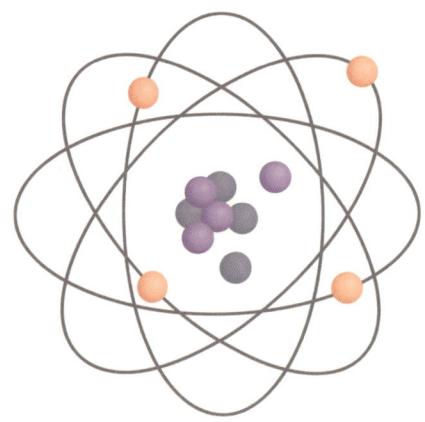

 과학 톡톡

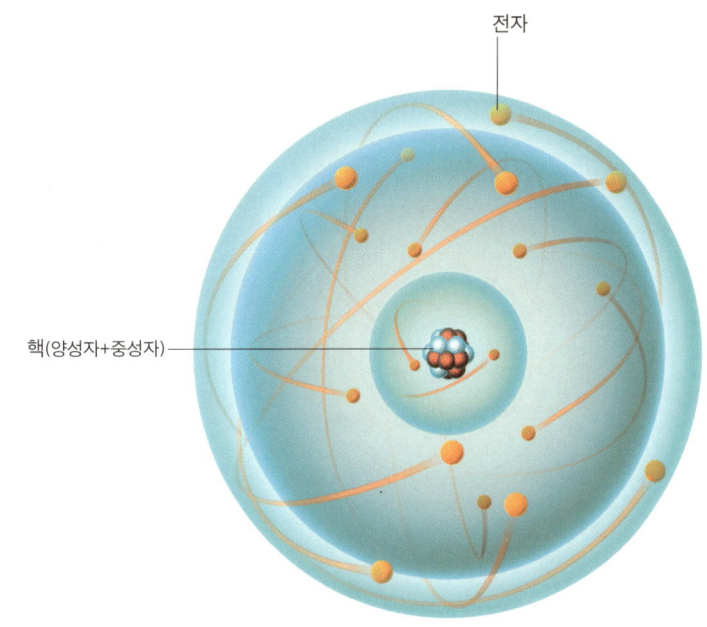

원자 구조
현대 과학에서 원자는 원자핵과 전자가 결합된 형태라고 생각한다. 원자핵은 원자의 가운데에 있으며 양성자와 중성자가 강하게 결합되어 있다. 전자는 원자핵과 반대인 음전하를 띠고, 원자핵 주위에 전자구름을 이루며 퍼져 있다.

수은의 밀도
수은의 밀도는 13.6g/cm³로 밀도가 1g/cm³인 물보다 13.6배 무겁다.

토리첼리의 진공 실험
처음에 유리관을 가득 채우고 있던 수은이 관 아래로 내려오면, 유리관 끝에서 수은 면까지의 공간은 처음에 수은으로 채워졌던 공간이므로 아무것도 없는 진공이 된다.

1643년 이탈리아의 물리학자 토리첼리는 유리관과 수은을 사용하여 그림과 같은 실험을 했다. 단면적이 1cm²이고 한쪽 끝이 막힌 길이 1m의 유리관 안에 수은을 가득 채운 다음 수은이 담긴 그릇 안에 거꾸로 세우면, 유리관 안의 수은주는 그릇에 담겨 있는 수은의 표면으로부터 항상 76cm의 높이를 유지한다는 것을 알았다. 이때 유리관의 위쪽은 진공 상태가 되는데 이를 '토리첼리의 진공'이라 한다.

| 원자설이 나오기까지 |

왜 한없이 큰 비눗방울은 만들 수 없을까?

어린 시절 친구들과 함께했던 비눗방울 놀이를 떠올려 보자. 공기 중에 날아다니는 비눗방울을 잡으려고 뛰어다녔지만 쫓아가서 잡으려고 하면 금방 터져 버리기 일쑤였다. 왜 한없이 얇으면서 큰 비눗방울은 만들 수 없었을까?

비눗물 뜨개에 묻은 몇 방울의 비눗물은 둥근 모양으로 얇게 펴진다. 이때 비눗방울 속에 들어 있는 공기의 양이 많아질수록 비누 막은 얇아지면서 그 크기가 커지지만, 비눗방울 입자가 만들 수 있는 비누 막의 두께에는 한계가 있다. 그래서 비누 막은 어느 정도 커지다가 터져 버리고 만다. 그러나 아리스토텔레스의 물질관으로 설명한다면 한없이 얇고 큰 비누 막도 만들 수 있어야 한다.

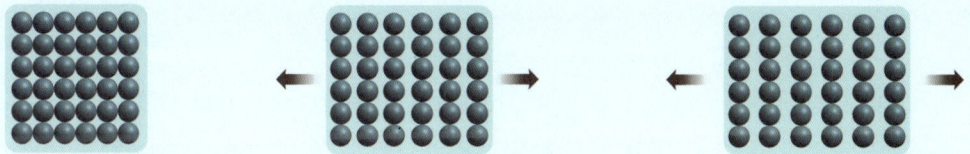

풍선이 터지는 이유
풍선을 불면 늘어나려는 힘 때문에 풍선을 구성하는 입자의 간격이 넓어진다. 계속 힘을 가하면 입자들의 간격이 더욱 넓어지고, 입자 사이의 거리가 멀어진 만큼 입자들 사이의 결합력이 약해져 결국 터지게 된다.

교과서 밖 과학

진공청소기의 내부는 정말 진공일까?

  요즘에는 청소를 할 때 진공청소기를 많이 이용한다. 전원을 켜면 쓰레기나 먼지를 힘차게 빨아들이는 진공청소기의 내부는 정말 진공 상태일까?
  흔히 우주 공간을 진공이라고 말한다. 이때의 진공은 그야말로 물질이 없는 상태이다. 우주 공간에는 $1cm^3$당 수소 원자 1개 정도가 들어 있다고 한다. 따라서 우주에는 거의 아무런 물질이 없다고 보아야 한다. 일찍이 아리스토텔레스는 자연 상태에 진공이 존재하지 않는다고 주장했지만, 이탈리아의 과학자 토리첼리는 수은을 이용한 실험을 통해 기압의 크기를 밝혀냈을 뿐 아니라 진공의 존재를 증명했다. 그의 업적을 기리기 위해 실험에서 확인된 진공 상태를 '토리첼리의 진공'이라 부르기도 한다. 그리고 기압의 단위로 '토르(torr)'를 사용하기도 하는데 1토르는 1mmHg로, 1기압은 760토르인 셈이다.
  우리 주변에서는 의외로 진공 상태가 많이 존재한다. 예를 들어, 전구 속이나 텔레비전 브라운관 등은 매우 낮은 기압을 갖고 있어 거의 진공과 다름없다. 또한 식료품 등에서도 진공 건조나 진공 포장 등과 같은 방법을 사용한다.
  태양과 지구의 중간 지역에서는 기압이 1조분의 1토르에 불과하다. 하지만 우리 주변에서는 이 정도의 진공은 찾아볼 수 없으며, 대체로 1,000분의 1 정도의 기압일 경우 진공으로 보고 있다.

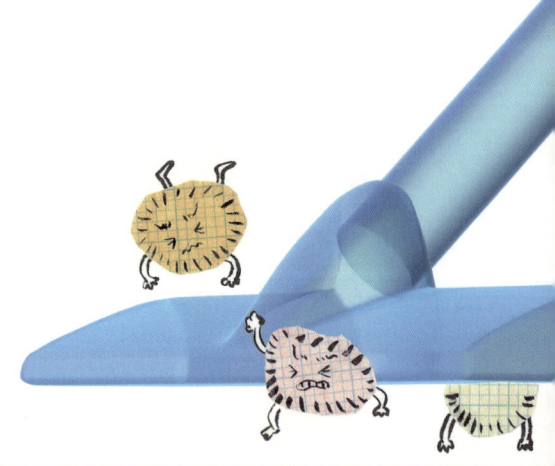

한편, 공기는 기압이 높은 곳에서 낮은 곳으로 이동한다. 어느 한 구역이 진공이라면 사방에서 그곳으로 공기가 세차게 흘러 들어갈 것이다. 물론 공기뿐 아니라 주변의 물건들도 함께 빨려 들어간다. 진공청소기는 이러한 원리를 이용한 것이다. 진공청소기의 내부는 실제 진공은 아니다. 대신 한쪽 끝의 송풍기가 매우 강한 바람을 밖으로 뿜어내기 때문에 내부의 기압이 매우 낮아지고, 부족한 공기를 메우기 위해 청소기의 흡입구를 통해 공기와 쓰레기들이 한꺼번에 빨려 들어가는 것이다. 보통의 경우 송풍기는 분당 2만 번 이상 회전하는 모터로 팬을 돌려 공기를 내보낸다. 송풍기가 바람을 빠르게 내보낼수록 청소기의 내부는 외부에 비해 기압이 급격하게 감소하고 매우 약한 상태의 진공을 만들 수 있다. 성능이 우수한 청소기일수록 팬의 회전 속도가 크고 내부 압력을 낮게 만들 수 있겠지만, 진공으로 만들 수는 없다.

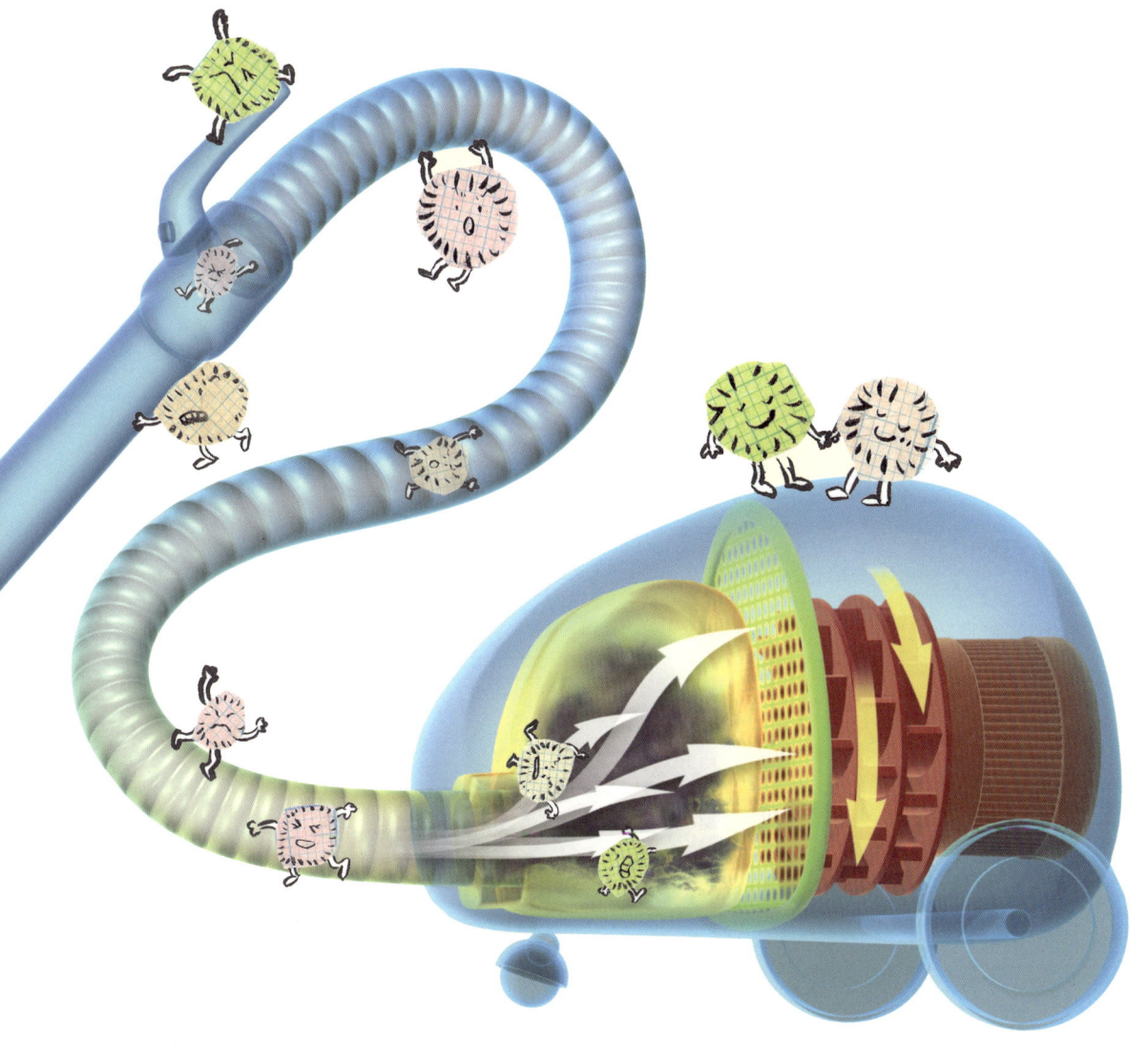

02 물질의 분류

물·공기·소금·연필심·우유·금반지 등 우리 주변에는 수많은 종류의 물질이 있습니다. 이 물질들은 어떤 공통점을 지니고 있고, 어떤 차이점이 있을까요? 또 물질은 어떻게 분류할 수 있을까요?

❶ 물질의 분류

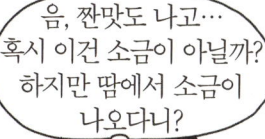

❷ 순물질

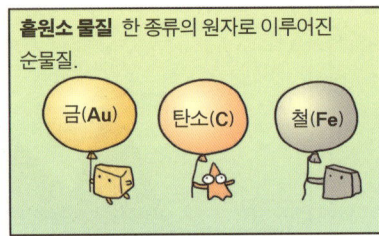
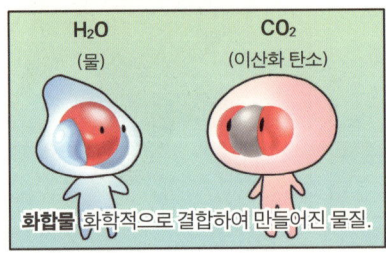

❸ 물질은 어떻게 얻고 이용할까?

 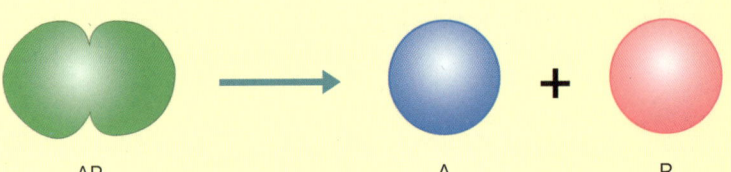

화합물을 분해하는 것은 혼합물을 분리하는 것보다 조금 까다롭지. 화합물은 열이나 전기, 촉매 등을 이용해서 분리할 수 있어.

AB → A + B

화합물 AB를 분해하여 생성된 물질 A와 B는 화합물 AB와 성질이 전혀 다른 새로운 물질이야.

실험 1 〈물의 전기 분해〉
물을 전기 분해하면
(-)극에서는 수소 기체를,
(+)극에서는 산소 기체를 얻을 수 있다.

실험 2 〈과산화 수소의 분해〉
삼각플라스크에 이산화 망가니즈를 넣고 과산화 수소를 넣으면 과산화 수소가 물과 산소로 분해된다.
이때 이산화 망가니즈는 반응이 빠르게 일어나도록 도와주는 역할을 하기 때문에 '촉매'라고 한다.

화합물은 자연계에서 얻을 수 있지만 인공적으로 합성해서 만든 것도 많아. 플라스틱·합성 섬유·세제·의약품 등은 모두 인공적으로 만든 화합물이지. 화합물을 만드는 성분 원소의 수는 110여 가지에 불과하지만, 원소들이 다양한 방법으로 결합하기 때문에 만들 수 있는 화합물의 종류와 수는 무수히 많아.

생활 속의 화합물

우리는 한순간도 물질과 따로 떨어져서 생활할 수가 없다. 옷을 만드는 데 이용되는 섬유, 그릇이나 다양한 기구들을 만드는 데 쓰이는 플라스틱, 더러움을 없애는 데 사용하는 세제, 질병을 치료하는 의약품 등은 우리가 일상생활에서 늘 접하는 대표적 화합물이다. 이 물질들의 일부는 자연에서도 얻을 수 있지만 대부분은 현대 물질 문명의 발달과 함께 인류가 유용하게 이용할 수 있도록 새롭게 합성된 물질들로 대체되고 있다.

세제류

의약품

합성 섬유

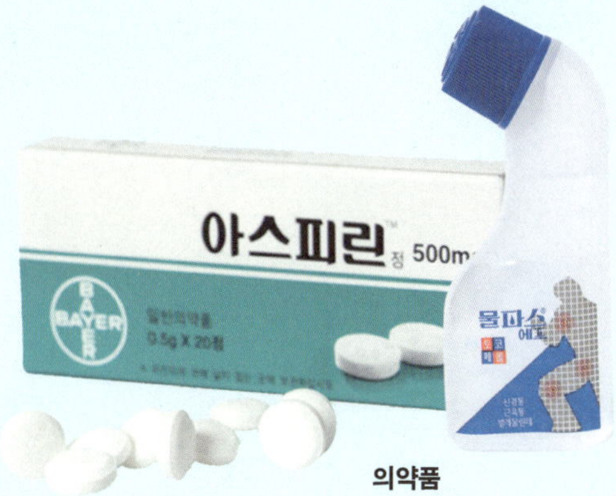

플라스틱류

실험3 〈전기 분해를 이용하여 순수한 구리 얻기〉

전지의 (+)극에 연결
전지의 (−)극에 연결

구리가 녹아들어 간다.
순수한 구리가 석출된다.

도금한 은수저
물체의 겉모양을 보기 좋게 하거나 녹이 슬지 않게 하기 위해 특정 금속을 겉에 입히는 도금도 전기 분해 방법을 이용한다.

전기 분해로 순수한 구리 얻기
2개의 구리판을 수용액에 담근 다음 전류를 흐르게 하면 전지의 (+)극에 연결된 구리판은 용액에 녹아들어 가고 전지의 (−)극에 연결된 구리판에는 순수한 구리가 석출된다.
이 원리는 불순물이 섞인 구리의 순도를 높이는 데 이용할 수 있다.

02 물질의 분류 45

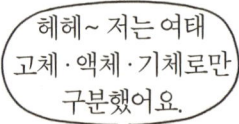

순물질과 혼합물
순수한 물은 순물질이다. 설탕물은 물에 설탕을 녹인 혼합물이지만 눈으로는
두 물질이 섞여 있다는 것을 알 수 없는 균일 혼합물이다.
미숫가루물은 물에 미숫가루가 섞여 있다는 것을 눈으로 확인할 수 있는 불균일 혼합물이다.

 교과서 밖 과학

석유, 현대 물질문명의 감초

우리는 석유 자동차를 타고 석유로 난방을 하며 석유로 만든 전기를 이용한다. 또한 석유로 만든 옷을 입고 석유로 만든 그릇을 사용한다. 흔히 연료로만 쓰인다고 생각하는 석유는 버리는 것 없이 찌꺼기까지 다 쓸 수 있는 아주 귀한 자원이다. 그래서 석유는 미국과 이라크의 전쟁뿐 아니라 세계 곳곳에서 일어나는 온갖 갈등과 분쟁의 원인이 되기도 한다. 석유(石油)는 '돌(石)이나 바위(岩) 사이의 기름'이라는 뜻을 가지고 있다. 석유를 나타내는 영어 'petroleum'도 돌을 뜻하는 'petra'와 기름을 뜻하는 'oleum'이라는 라틴어에서 유래했다. 일반적으로 석유는 자연 상태 그대로의 원유(crude oil)와 원유를 정제한 휘발유 등의 석유 제품을 통틀어 가리킨다.

석유는 어떻게 만들어지는 것일까? 여러 가지 설이 있지만 수억 년 전에 바다나 호수의 바닥에 쌓인 동식물 유해가 지각 변동에 의해 지하 깊은 곳에 묻힌 뒤 오랜 시간 열과 압력을 받아 생성되었다고 추정된다. 그 성분은 주로 탄소(80~86%)와 수소(12~15%)이고, 황·질소·산소(1~3%) 등도 포함되어 있다. 땅속에서 막 채굴한 원유는 주로 검은색이거나 흑갈색의 끈적끈적한 액체이다. 비중은 물보다 작아 물 위에 뜨고, 순수한 물질이 아니기 때문에 끓는점과 어는점이 일정하지 않다.

원유는 그 자체로는 거의 쓸모가 없기 때문에 각각의 성분 물질로 분리하여 사용한다. 원

유를 분리해서 우리가 쓰고 있는 여러 형태로 만드는 일을 하는 곳이 바로 정유 공장이다. 정유 공장에서는 증류탑을 이용하여 원유 속에 복잡하게 섞여 있는 물질들을 효과적으로 분류한다. 원유를 350°C 이상의 고온으로 가열하여 증류탑으로 보내면 기체로 된 성분이 증류탑의 위쪽으로 올라가면서 점차 냉각되어 액체로 된다. 이때 증류탑의 낮은 곳일수록 끓는점이 높은 성분이 액체로 되어 연결된 관을 통해 빠져나온다. 이와 같은 과정을 통해 원유의 각 성분이 끓는점에 따라 각각의 성분 물질로 분리되는 것이다.

인류는 석유를 언제부터 사용했을까? 석유는 메소포타미아·터키 등에서 기원전부터 사용했다고 한다. 이런 사실은 당시 유적이나 기록에 남아 있으며, 구약성서에도 석유에 대한 기록이 있다. 그러나 옛날에는 지표에 스며 나온 원유가 배의 틈을 막는 데 쓰였거나 도로 건설 및 미라의 보존 등에 약간씩 사용되었을 뿐이다. 석유가 오늘날과 같이 지하에서 채굴되어 본격적으로 사용되기 시작한 것은 1859년 미국에서 유정을 파서 원유를 채굴하는 데 성공한 이후부터다.

석유는 19세기 후반부터 인류 문명사에서 중요성을 갖게 되었다. 처음에는 등화용으로 쓰였는데 전등의 발명으로 그 수요가 줄어드는 듯했다. 그러나 그때를 전후하여 석유를 연료로 하는 내연 기관이 발명되면서 석유 소비는 급격하게 증가했다. 석유는 제2차 세계 대전 이후 세계적으로 널리 사용되면서 오늘날에는 천연가스를 포함하여 에너지 수요의 50% 이상을 차지하고 있다.

이렇게 소비가 늘어남에 따라 생산량도 계속 늘어 왔지만, 문제는 언젠가는 석유가 고갈된다는 데 있다.

석유의 매장량은 매년 감소하여 현재의 사용 추세를 유지한다면 약 40년 정도 사용할 수 있을 것이라고 한다. 우리나라도 세계 7위의 석유 소비국이다. 또한 석유 수입 세계 5위라는 통계가 말해 주듯이 소비하는 석유의 대부분을 해외 수입에 의존하고 있기 때문에 석유의 고갈 문제는 더욱 심각한 영향을 줄 것으로 생각된다. 그러므로 앞으로 석유 없이도 유지되는 사회를 만들어 가는 노력을 다 함께 해 나가야 하겠다. 그런 의미에서 현대 물질 문명의 근간을 이루는 석유를 대신할 수 있는 에너지를 하루 빨리 개발하는 것이 앞으로의 과학 숙제로 남아 있다.

사우디아라비아의 정유 공장

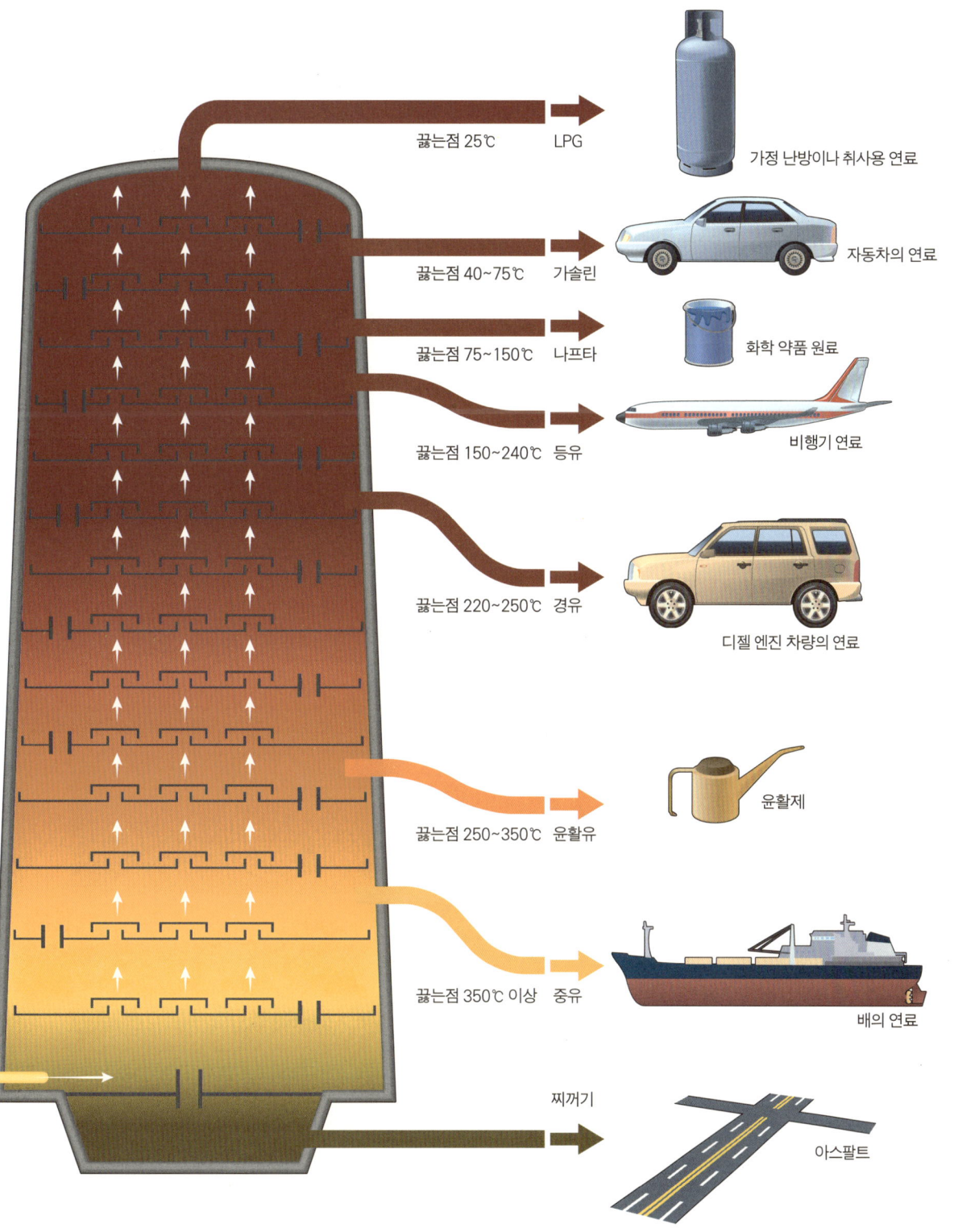

〈증류탑의 내부 구조와 각종 석유 제품〉

03 원소란 무엇일까?

철분이 많은 음식을 먹으면 빈혈을 예방할 수 있다고 합니다.
철은 자동차나 칼·농기구 등에 쓰이는 금속인데
어떻게 먹을 수 있을까요?
우리가 먹는 철분과 금속 철은 성분이 같은 것일까요?

❶ **모든 물질은 원소로 이루어져 있다**

라부아지에 물 분해 실험
뜨거운 주철관에 물을 통과시키면 물이 수소와 산소로 분해되는데, 이때 발생한 산소는 주철관의 철과 결합하므로 냉각수를 통과해서 모아지는 기체는 수소다.

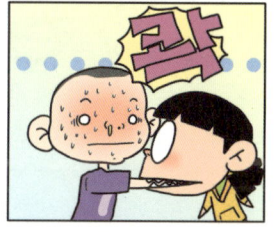

원소의 이용
금·은·구리·철·납·주석·수은 등 7가지 금속 원소와 탄소·황의 2가지 비금속 원소는 고대부터 알려져 있었다. 특히 천연에서 얻을 수 있었던 금·은·구리·황은 비교적 오래전부터 알려졌다. 이후 제련 기술이 발달하여 납·주석·철 등을 광석으로부터 분리할 수 있게 되었다.

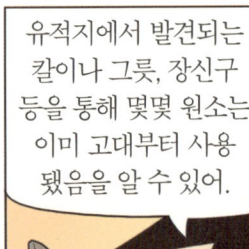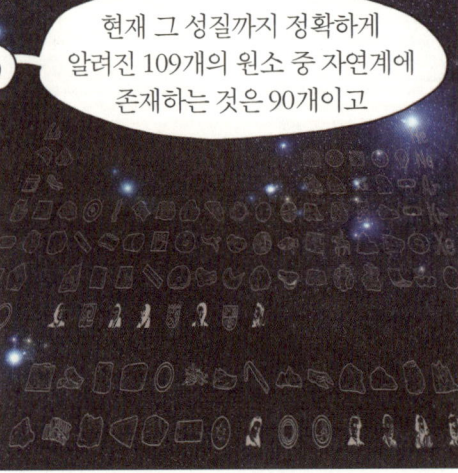

❷ 원소를 표시하는 편리한 방법

원자설을 주장한 돌턴은 원자를 둥글게 생각하여 원으로 간단히 표시했지.

으~ 이건 어떻게 표시하지?

그런데 발견된 원소의 종류가 많아지면서 그림도 복잡해지고 알아보기도 어려웠어.

그걸 해결한 사람이 바로 스웨덴의 과학자 베르셀리우스였어.

그냥 알파벳으로 나타내면 되지, 뭐!

1813년 개발된 이 방법이 현재까지 사용되고 있지. 금(Au)의 경우를 보자.

금은 라틴어로 'auruum'인데 첫 글자와 중간 글자를 따서 'Au'로 쓰기로 한 거야.

A͟u͟r͟u͟u͟m
A ͟u͟   원소 표기 원칙
대문자 소문자

원소 기호의 변천

금!

알파벳으로 간단하게!

낙서금지 돌턴바보

금 — 연금술사 → 금 — 돌턴 → Au — 베르셀리우스

03 원소란 무엇일까? **59**

❸ 주기율표의 등장

〈고대의 물질관〉

탈레스
최초로 물질에 대해 생각했으며, 모든 물질의 근원은 물이라는 1원소설을 주장했다.

엠페도클레스
만물을 구성하고 있는 입자의 근원은 물·불·흙·공기라는 4원소설을 주장했다.

아리스토텔레스
엠페도클레스의 4원소설을 지지했지만, 건조함·축축함·차가움·따뜻함에 따라 변할 수 있다고 주장했다. 이는 후에 연금술의 이론적 근거가 되었다.

데모크리토스
물질은 더 이상 쪼갤 수 없는 원자로 이루어져 있다는 원자의 개념을 처음으로 도입했다.

〈중세의 물질관〉

연금술사
아리스토텔레스의 영향을 받아 수은·납·소금을 적당한 조건에서 반응시키면 금을 만들 수 있다고 생각했다. 물론 금을 만들지는 못했지만 실험의 발달과 약품 개발에 기여했다.

슈탈의 플로지스톤 가설
불에 타는 모든 물질은 재와 플로지스톤 두 가지로 이루어져 있다. 물질이 타면 플로지스톤은 빠져나가고 재만 남는다. 플로지스톤 가설은 좋은 생각으로 받아들여졌으나 연소 현상을 옳게 설명하지 못했다.

〈근대의 물질관〉

보일
플라스크에 주석을 넣고 입구를 막은 다음 가열했더니 주석의 질량이 증가하는 것을 발견했다. 또한 모든 물질을 이루는 기본 물질은 원소이며, 이들은 어떤 방법으로도 분해되지 않는다고 주장했다. 처음으로 원소의 개념을 도입했다.

라부아지에
물은 서로 다른 두 성분으로 분해된다. 따라서 물은 원소가 아니라고 주장했다. 라부아지에는 더 이상 분해될 수 없는 물질이 원소라는 것을 실험으로 증명했고, 처음으로 33개의 물질을 원소로 분류했다.

 교과서 밖 과학

원소 주기율표

주기율표의 각 원소 기호 위에는 원자 번호가 적혀 있고 아래쪽에는 원소들의 우리말 명칭이 적혀 있다. 각 원소의 원자 번호는 원자가 가지는 양성자 수를 나타내는데, 중성 원자의 경우 양성자 수와 전자 수가 같기 때문에 전자 수를 나타낸다고도 할 수 있다. 표는 18개의 세로줄, 7개의 가로줄 그리고 2개의 특수줄로 구성되어 있다. 각 세로줄을 족(family)이라고 하는데, 같은 족의 원자들은 비슷한 전자 배치를 가지기 때문에 비슷한 성질을 가진다. 그리고 가로줄을 주기(period)라고 하는데, 같은 주기의 원자들은 성질이 비슷하지는 않지만 원자 번호의 증가 순서에 따라 일정한 경향성을 나타낸다.

원자량은 원자들의 상대적인 질량을 말해. 원자 하나는 너무 작아서 질량을 측정하기 어려울 뿐 아니라 나타내는 데도 불편해서 특정 원소를 기준으로 한 상대적인 수치로 질량을 나타내. 현재는 탄소 원자 1개의 질량을 12로 정하고, 이와 비교한 다른 원자의 질량을 그 원자의 원자량이라고 해. 예를 들어, 원자량이 1인 수소는 탄소보다 12배 더 가벼우며, 산소는 원자량이 16이므로 탄소보다 더 무거운 원자인 것이지.

			13	14	15	16	17	18
								2 He 헬륨
			5 B 붕소	6 C 탄소	7 N 질소	8 O 산소	9 F 플루오린	10 Ne 네온
10	11	12	13 Al 알루미늄	14 Si 규소	15 P 인	16 S 황	17 Cl 염소	18 Ar 아르곤
28 Ni 니켈	29 Cu 구리	30 Zn 아연	31 Ga 갈륨	32 Ge 저마늄	33 As 비소	34 Se 셀레늄	35 Br 브로민	36 Kr 크립톤
46 Pd 팔라듐	47 Ag 은	48 Cd 카드뮴	49 In 인듐	50 Sn 주석	51 Sb 안티모니	52 Te 텔루륨	53 I 아이오딘	54 Xe 제논
78 Pt 백금	79 Au 금	80 Hg 수은	81 Tl 탈륨	82 Pb 납	83 Bi 비스무트	84 Po 폴로늄	85 At 아스타틴	86 Rn 라돈
110 Ds 다름슈타튬	111 Rg 뢴트게늄	112 Uub 언눈비윰						

63 Eu 유로퓸	64 Gd 가돌리늄	65 Tb 터븀	66 Dy 디스프로슘	67 Ho 홀뮴	68 Er 어븀	69 Tm 툴륨	70 Yb 이터븀	71 Lu 루테튬
95 Am 아메리슘	96 Cm 퀴륨	97 Bk 버클륨	98 Cf 캘리포늄	99 Es 아인슈타이늄	100 Fm 페르뮴	101 Md 멘델레븀	102 No 노벨륨	103 Lr 로렌슘

04 물질의 변화

초콜릿을 따뜻한 곳에 두면 액체가 되어 녹아내리고, 성냥에 불을 붙이면 빛과 열을 내면서 탑니다. 초콜릿이 녹아내리는 물리 변화와 성냥불이 타는 화학 변화는 어떻게 다를까요?

❶ 물리 변화

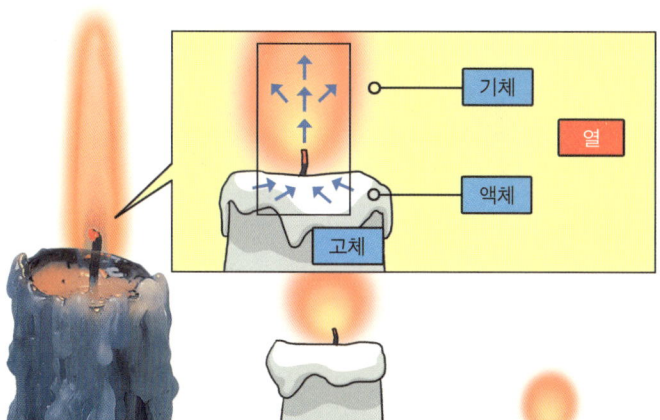

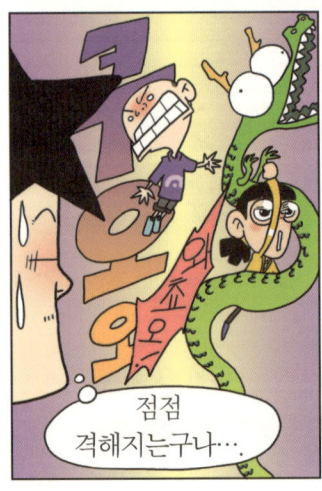

❷ 화학 변화

	물리 변화		화학 변화	
모양	변한다		변한다	
성질	변하지 않는다		변한다	
총질량	변하지 않는다		변하지 않는다	

하지만 둘 다 총 질량은 변함이 없어. '질량 보존의 법칙' 기억 나?

29쪽을 참고

그건 물질을 구성하는 원자들의 조성이나 배열이 변하더라도 물질을 구성하는 원자 자체가 사라지거나 새로운 원자가 생기는 것은 아니란 뜻이지.

뭐…라고…요?

흠, 난 알 것 같아.

하하, 조금 어려웠나?

조금이라고요?

그럼 이런 경우를 생각해 보자.

얼음은 얼음일 때나 물일 때나 원자들의 배열이나 조성이 똑같지?

네에~

 과학 톡톡

화학 변화 / 물리 변화

화학 변화
- 새로운 물질 형태
- 물리 화학적인 성질이 변한다.
- 물리적인 방법으로 되돌아가지 않는다.

물리 변화
- 물질의 성질이 변하지 않는다.
- 크기, 모양, 상태가 변한다. (구름, 비, 바다)
- 대부분 물리적인 방법으로 되돌아갈 수 있다.

유사점
- 모든 물질에서 일어날 수 있다.
- 변화 후 형태가 달라진다.
- 우리 주변에서 항상 일어난다.
- 에너지가 필요하거나 방출된다.

 교과서 밖 과학

연금술사의 유산

값싼 납으로 금을 만들 수 있을까? 또한 모든 질병을 고쳐 주고 영원한 생명을 가져다주는 불로장생약은 존재할까? 연금술은 납이나 구리 같은 값이 싼 금속을 금이나 은으로 만들려고 했던 중세의 과학 기술을 가리킨다. 연금술이 언제부터 시작되었는지에 대해서는 정확하지 않지만 아주 오래전부터 사람들은 금이 부와 명예를 가져다줄 뿐 아니라 영원한 생명도 제공해 준다고 믿었다. 부유하게 오래 살고 싶은 인간의 욕망과 맞아떨어져 연금술은 많은 부작용에도 불구하고 오랫동안 사랑을 받았다.

연금술은 고대 그리스의 철학자 아리스토텔레스가 주장한 4원소설에 그 기반을 두고 있다. 그는 자연계의 모든 물질은 물·흙·불·공기의 4가지 원소로 이루어져 있다고 주장했다. 이 4가지 원소가 차가움·따뜻함·건조함·축축함의 4가지 성질과 결합하여 세상의 모든 물질을 이룬다는 것이다.

연금술사들은 물질을 구성하는 원소들을 적당한 비율로 섞어 결합시키면 한 물질이 다른 물질로 변할 것이라고 생각했다. 그들은 자연계의 모든 것이 완전함을 향해 변해 가고 금이 모든 물질 중에서 가장 완벽한 물질이라고 생각했다. 철이나 납 등의 완전하지 못한 금속이 땅속에 오래 묻혀 있으면 금으로 변하는데, 이것도 완벽함으로 나아가는 과정이라고 믿었다. 연금술사들은 자신들이 고안한 특별한 방법이 이러한 변화 과정을 앞당길 수 있다고 생각했다. 그래서 금을 구성하는 원소들의 비율만 알면 금을 만들 수 있을 것이라고 확신했다. 그러나 그토록 바랐던 금이 잘 만들어지지 않자, 원소의 변환을 촉진시키는 신비로운 물질이 있을 거라고 생각했다. 연금술사들은 그 물질을 '현자의 돌(philosopher's stone)'

이라 부르고, 이후 현자의 돌을 찾기 위해 많은 노력을 기울였다.

고대 중국이나 인도에서도 연금술이 이루어졌다. 그러나 서양과 달리 동양의 연금술사들은 값이 싼 금속을 금으로 바꾸기보다는 불로장생약을 만드는 데 주력했다. 이들은 금에 열을 가하거나 땅에 묻어도 변하지 않는 것을 보고 금을 영원한 생명을 보장해 주는 신비의 약으로 여겼다.

연금술사의 실험실

현대를 살아가는 우리에게 연금술은 매우 비과학적인 것으로 여겨진다. 하지만 과거 사람들에게 연금술의 영향력은 오늘날 우리가 상상하는 것보다 훨씬 컸다. 그래서 많은 폐해에도 불구하고 고대로부터 약 2,000여 년 동안이나 유행할 수 있었다.

18세기에 들어와 연금술은 차츰 사라졌지만 근대 화학이 발달할 수 있는 토양을 마련하는 데 큰 공헌을 했다. 연금술사들은 자신들의 꿈을 이루지는 못했지만, 금을 만들어 내려는 과정에서 축적된 화학에 관한 많은 지식과 기술은 화학 발전에 중요한 영향을 끼쳤다. 황산·왕수·인·질산 등과 같은 물질이 발견되었을 뿐 아니라 도가니·플라스크·증류기 등 지금도 사용하는 많은 화학 기구가 만들어졌다.

연금술사들이 과학에 미친 영향이 얼마나 큰지에 대해서는 영국의 철학자 프랜시스 베이컨(1561~1626)이 예를 들어 설명한 이솝 우화가 잘 보여 준다.

> 가난한 농부가 있었다. 그는 한평생 열심히 일해 넓은 포도밭을 일구었다.
> 농부는 죽기 전에 포도밭에 보물을 숨겨 두었으니 찾아 나눠 가지라고 유언을 남겼다.
> 아들들은 당장 포도밭을 열심히 파헤치기 시작했으나 결국 보물은 나오지 않았다.
> 대신 갈아엎어진 포도밭에서는 싱싱하고 탐스러운 포도들이 주렁주렁 열렸다.

3 | 변화

01 지각을 이루는 물질 | 02 지표의 변화 | 03 생물을 이루는 물질
04 인체의 변화 | 05 천체를 이루는 물질

01 지각을 이루는 물질

우리가 살고 있는 육지는 대부분 흙으로 덮여 있습니다. 하지만 흙을 조금만 파고들어 가면 단단한 암석이 나오는데, 이러한 암석층이 지각의 대부분을 구성하고 있습니다. 지각을 이루는 암석은 어떤 물질들로 이루어져 있을까요?

❶ 암석은 다양하다

❶ **제주도의 주상절리**
대표적인 화산암으로 대부분 검은색을 띠고 있는 현무암이다.

❷ **경상남도 하동군의 사암과 셰일**
모래가 퇴적되어 굳어진 사암과 점토 입자가 퇴적되어 굳어진 셰일이 층으로 쌓여 있다.

❸ **그린란드 지역의 편마암**
압력의 영향을 받아 광물들이 길게 늘어선 편마 구조가 잘 발달해 있다.

북한산 인수봉
가파른 화강암 암벽으로 이루어져 있다.

❷ 광물들이 모여 암석을 이룬다

암석을 관찰해 보면 크고 작은 알갱이들로 이루어져 있지.

이처럼 암석을 구성하는 작은 알갱이를 '광물'이라고 한단다.

광물
암석을 이루는 최소 단위의 물질. 자연계에서 만들어진 고체 물질로서 일정한 화학 성분과 특정한 결정 구조를 가지고 있는 원소 또는 화합물이다. 대부분의 광물은 고체이지만 수은과 같은 액체도 광물에 포함된다.

방해석
탄산 칼슘이 주성분으로 힘을 가하면 기울어진 육면체 모양을 가지며 세 방향으로 쪼개진다. 결정에 빛이 들어가 두 가지 굴절 광선이 나타나는 복굴절 현상으로, 글자나 선이 이중으로 합쳐져 보인다. 묽은 염산과 반응하면 거품이 일면서 이산화 탄소가 발생한다.

현재까지 알려진 광물은 약 3,000여 종이나 돼.

우와! 왜 아저씨가 우쭐해요!

하지만 암석을 구성하는 주요 광물은 석영·흑운모·감람석 등 20여 종에 불과하지. 이를 '조암 광물'이라고 해.

계속 발견되고 있지요~

자수정
수정에 철 성분이 포함된 것으로 '자석영'이라고도 한다. 색이 짙고 아름다운 것은 보석의 가치를 갖는다.

석영
산소와 규소가 주성분으로 육각기둥 모양의 결정형을 갖는다. 결정이 잘 발달한 무색투명한 석영을 '수정'이라 부르며, 불순물이 섞이면 특이한 색을 띠기도 한다. 암석이 풍화되고 남은 석영 알갱이들은 모래가 된다.

❸ 광물은 원소로 이루어져 있다

	주성분	광물의 변화
석영	산소·규소	철이 약간 결합되면 보라색을 띤 자수정이 됨.
각섬석 감람석	산소·규소·철·마그네슘	철·마그네슘이 포함되어 색깔이 어둡다.
흑연	탄소	성질은 114쪽을 참고하세요.
금강석		

교과서 밖 과학

지각은 다양한 암석의 전시장

지각은 여러 종류의 암석으로 구성되어 있다. 크게 3종류의 암석으로 구분하는데, 마그마가 굳어져서 만들어진 암석은 화성암, 퇴적물이 쌓여 굳어진 것을 퇴적암, 화성암이나 퇴적암이 열이나 압력을 받아 성질이 변한 것을 변성암이라 한다. 그러나 그 생성 환경에 따라 같은 종류의 암석이라 해도 제각기 독특한 성질을 가지고 있을 뿐 아니라 구성 광물의 종류 역시 다 다르다. 이처럼 지각에는 사람의 얼굴 모양만큼이나 서로 다른 암석들이 존재하고 있는 것이다. 한편, 화성암이나 변성암은 지하 깊은 곳에, 퇴적암은 지표 부근에 주로 분포한다.

❶ 변성암의 종류

대리암 석회암이 마그마 주변에서 높은 열을 받아 성질이 변하면서 알갱이가 굵어지고 독특한 무늬가 발달한 대리암이 형성된다. 대리암은 건축 자재 등으로 많이 사용된다.

편마암 셰일·화강암 등의 광물 결정들이 고압 상태에서 길게 늘어서면서 독특한 줄무늬 구조를 가지고 있다.

대리암    편마암

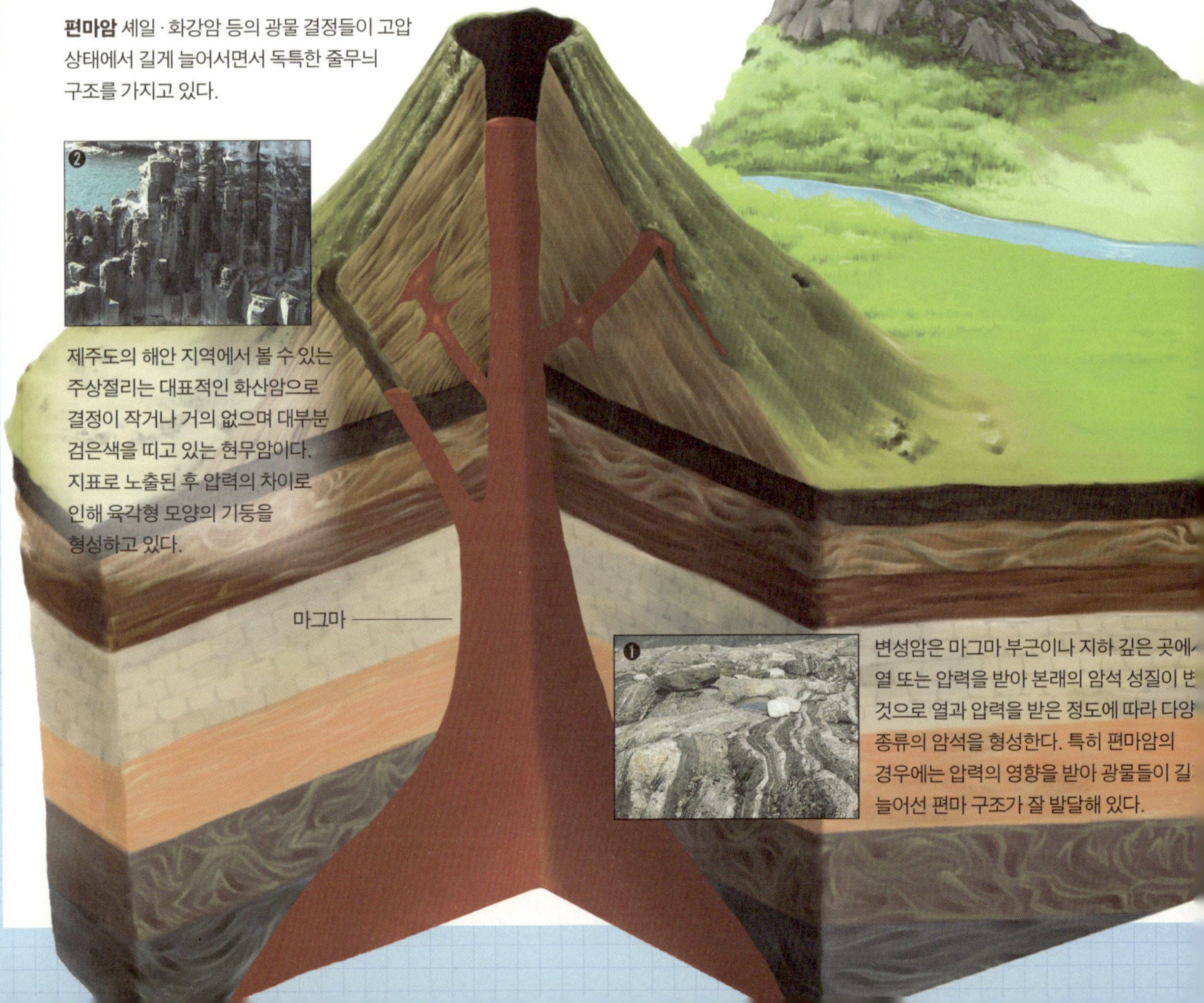

❷ 제주도의 해안 지역에서 볼 수 있는 주상절리는 대표적인 화산암으로 결정이 작거나 거의 없으며 대부분 검은색을 띠고 있는 현무암이다. 지표로 노출된 후 압력의 차이로 인해 육각형 모양의 기둥을 형성하고 있다.

마그마

❶ 변성암은 마그마 부근이나 지하 깊은 곳에 열 또는 압력을 받아 본래의 암석 성질이 변한 것으로 열과 압력을 받은 정도에 따라 다양한 종류의 암석을 형성한다. 특히 편마암의 경우에는 압력의 영향을 받아 광물들이 길게 늘어선 편마 구조가 잘 발달해 있다.

❷ 화성암의 종류

현무암 지표 부근에서 급격하게 냉각되어 입자의 크기가 매우 작으며, 어두운색 광물을 많이 포함하고 있다. 맷돌이나 공예품의 재료로 이용된다.

유문암 현무암과 마찬가지로 지표 부근에서 급격하게 냉각된 암석으로 밝은색을 띤다.

화강암 마그마가 지하 깊은 곳에서 서서히 냉각되면서 입자가 굵어진 암석으로 밝은색을 띤다. 석영·장석이 주성분이다.

반려암 마그마가 서서히 냉각되면서 형성된 암석으로 어두운색을 띤다.

현무암   유문암

화강암   반려암

❸ 퇴적암의 종류

셰일 매우 작은 점토 입자가 좀 더 먼 바다로 흘러가 퇴적되어 굳어진 것으로, 어두운색을 띠는 것은 셰일, 밝은색을 띠는 것은 이암이다.

사암 주로 모래가 퇴적되어 굳어진 암석으로, 모래의 종류에 따라 결정의 크기나 색깔이 달라진다.

역암 자갈이 얕은 해안가에 퇴적되어 굳어진 암석이다.

석회암 조개껍질 등이 부서져 생긴 석회질 물질이 먼 바다까지 이동한 후 퇴적되어 굳어진 암석으로 생물체의 화석을 포함하고 있는 경우가 많다.

셰일   사암

역암   석회암

퇴적암은 보통 흐르는 물을 따라 이동하던 퇴적물들이 호수나 해저에 퇴적된 후 굳어진 것으로 퇴적물의 종류에 따라 다양한 암석이 형성된다.
퇴적 지층에서는 서로 다른 종류의 퇴적물이 쌓여 있기 때문에 경계면인 층리가 잘 발달해 있으며, 고생물의 화석을 포함하기도 한다.

02 지표의 변화

놀라울 정도로 거대하고 아름다운 히말라야 산맥이나 그랜드 캐니언은 이전에도 같은 모습을 하고 있었을까요? 지표의 모습은 변하지 않는 것처럼 보이지만 과거와 현재의 모습이 다르고 앞으로도 달라질 것입니다. 지표의 변화는 어떻게 일어날까요?

❶ 풍화 작용에 따른 지표의 변화

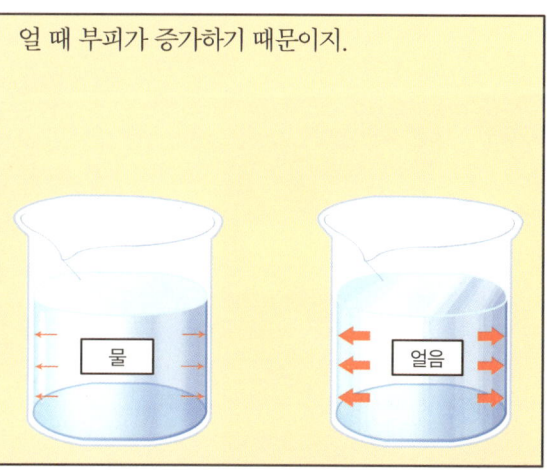

결빙 작용에 의한 풍화
암석 틈에 스며든 물이 얼면 부피가 늘어나면서 압력을 가하게 된다. 기온이 낮은 고산 지대에서는 물이 얼었다 녹았다 하는 과정이 반복되면서 암석이 점점 잘게 부서진다.

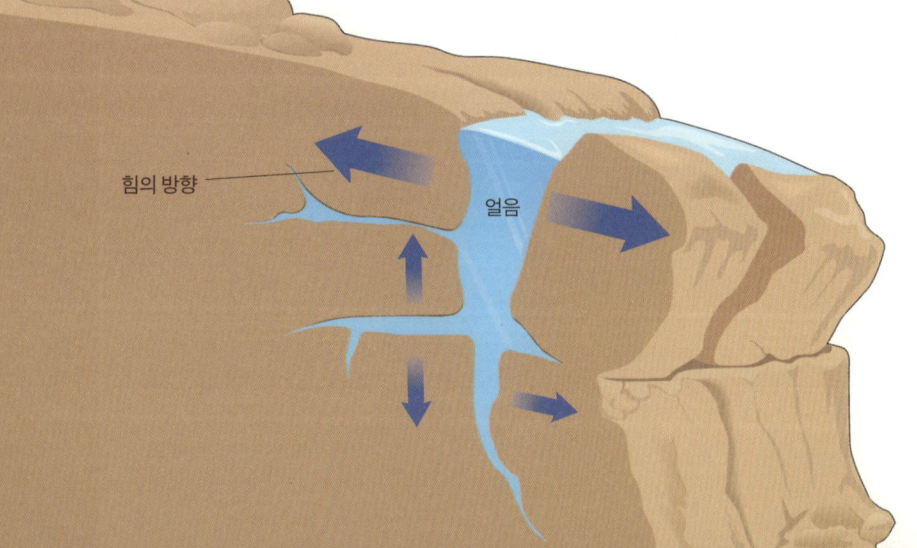

❷ 침식·퇴적 작용에 따른 지표의 변화

암석의 풍화

❶ 암석 표면에 이끼가 붙어 자라면 이끼에서 방출되는 화학 물질 등에 의해 암석의 성분이 변하고 암석을 구성하는 광물의 결합력이 약해진다.

❷ 풍화된 암석들이 산비탈이나 낭떠러지 부근에 쌓여 있는 것을 볼 수 있는데, 이것을 '테일러스'라 한다.

❸ 온난 다습한 지역의 암석층에서는 암석의 표면이 마치 양파 껍질처럼 벗겨지는 현상이 나타나는데, 이것을 '박리 작용'이라 한다.

❹ 오래된 석상이나 비문 등은 그 원형이 크게 달라진 것을 볼 수 있다. 물·공기 등의 복합적 요인에 의해 점점 모습이 변해 가는 것이다.

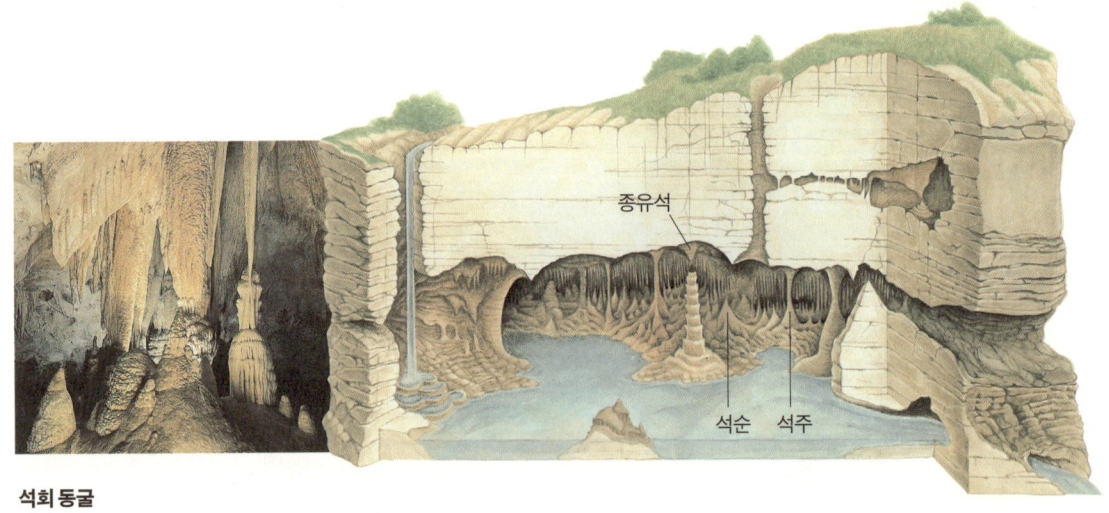

석회 동굴
석회암이 이산화 탄소가 포함된 지하수에 녹아 흐르는 동안 이산화 탄소가 빠져나가면 다시 굳어지는데, 이때 동굴 천장에서 굳어져 자라는 것이 종유석, 바닥에 떨어진 후 자라는 것이 석순이다. 종유석과 석순이 서로 자라 붙으면 기둥 모양의 석주가 형성된다. 우리나라에서도 충청북도나 강원도 등지에서 이런 석회 동굴을 볼 수 있다. 충청북도 단양의 고수 동굴이나 경상북도 울진의 성류굴, 강원도 삼척의 관음굴 등이 이에 속한다.

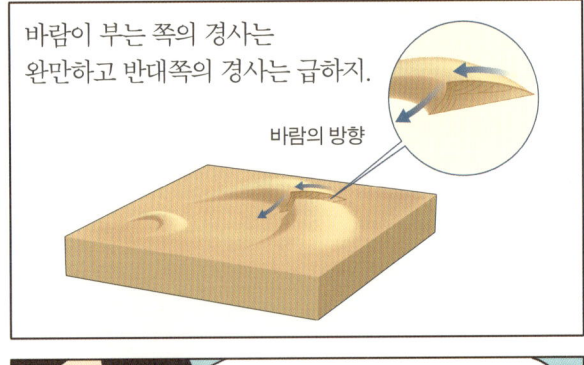

 교과서 밖 과학

침식과 퇴적은 자연의 예술가

인간의 수명에 비추어 볼 때, 지표의 모습은 변하지 않는 것처럼 보인다. 그 변화가 매우 느리게 진행되기 때문이다. 그러나 지표의 모습은 끊임없이 변하고 있다. 때로는 홍수나 산사태 혹은 화산 활동 같은 자연 재해로 순식간에 변하기도 한다. 지표에서 오랜 세월 동안 풍화와 침식 작용이 일어나면 지표의 모습은 어떻게 변할까? 당연히 높은 곳이 없어질 것이다. 높은 곳은 계속해서 깎여 나가고, 깎인 물질들은 좀 더 낮은 곳으로 이동하여 쌓이기 때문이다. 시간이 지날수록 지표는 점점 평평하게 변할 것이다.

하지만 지표면이 오랫동안 풍화와 침식, 퇴적 작용을 받았는데도 평탄하지 않고 여전히 울퉁불퉁한 모습을 하고 있는 것은 지각의 운동 때문이다. 지구의 표면을 이루는 지각은 좀 더 무거운 맨틀 위에 떠서 균형을 이루고 있다. 이는 마치 물 위에 얼음이 떠 있는 것과 같다. 따라서 침식으로 가벼워진 지각은 위쪽으로 떠오르고, 그 후 풍화와 침식 작용이 반복되면서 험준한 산맥과 골짜기를 형성하는 것이다. 지표에서 나타나는 특이한 지형들은 오랜 시간에 걸쳐 자연이 빚어낸 예술품이라 할 수 있다.

03 생물을 이루는 물질

우리 몸은 여러 기관으로 구성되어 있고, 기관은 조직, 조직은 수많은 세포로 구성되어 있습니다.
그러면 세포를 구성하는 원소는 무엇일까요?
우리 몸을 구성하는 물질에는 어떤 것들이 있을까요?

❶ 생물의 특성

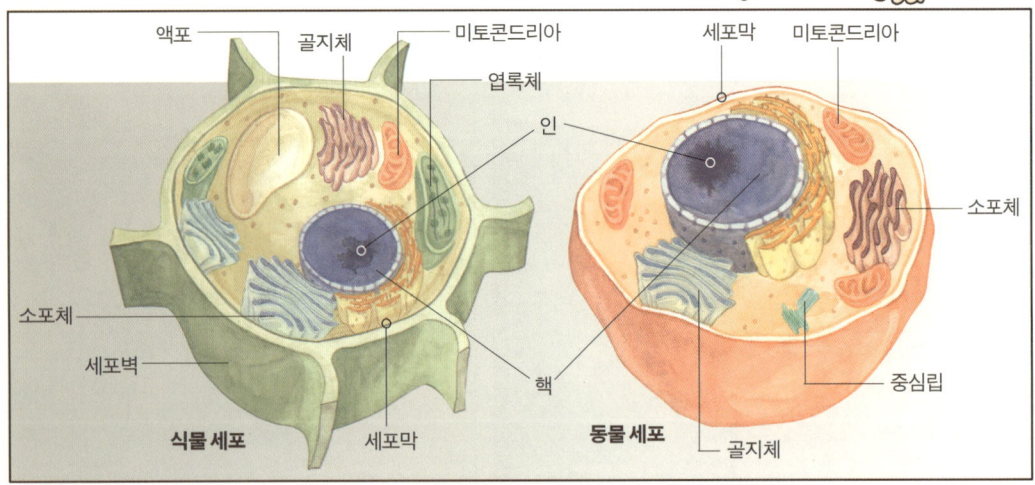

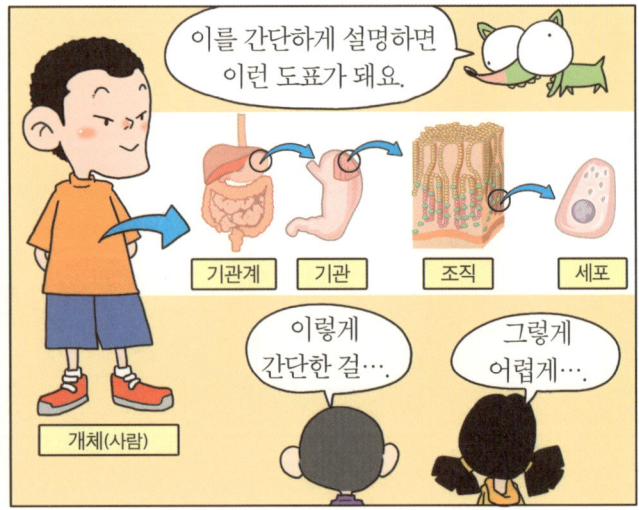

❷ 유기물과 무기물

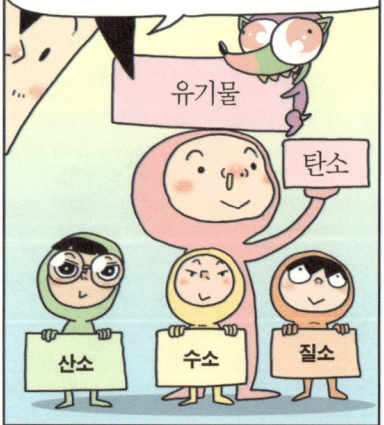

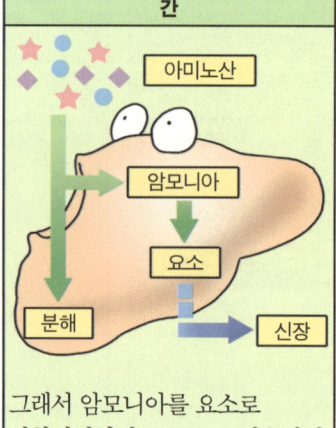

❸ 생물을 구성하는 원소

그런데 생물을 구성하는 원소의 구성 비율은 말이야.

아주 작은 미생물이나 사람이나 식물이나 거의 비슷하단다.

또한 생물이나 무생물이나 모두 자연계에 많이 분포하고 있는 원소로 구성되어 있지.

생물만 어떤 독특한 물질로 이루어져 있는 건 아니란 뜻이야.

자연계에서 생물만이 갖는 특성은 원소의 구성 방식에서 비롯한단다.

생물은 지각을 구성하는 성분 중 풍부한 산소뿐 아니라

소량으로 존재하는 탄소 및 수소 같은 원소를 받아들여 이를 농축시키지.

인체와 지각의 구성 원소

지구상에는 100여 종이 넘는 원소가 존재하지만, 지각을 구성하는 주요 원소는 극히 일부에 불과하다. 산소·규소·알루미늄·철·칼슘·나트륨·칼륨·마그네슘의 8가지 원소가 질량비로 98.1%를 차지하고 있으며, 그중에서도 특히 산소와 규소는 질량비로 75%를 차지하고 있다.

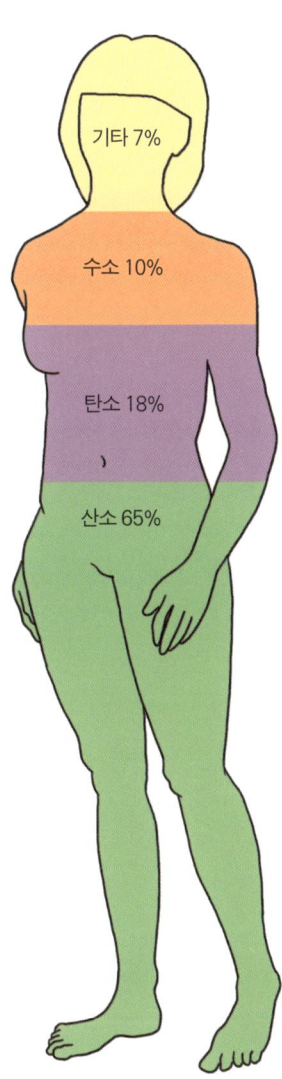

지각과 인체의 구성 원소

지각의 원소 구성		인체의 원소 구성	
원소	질량비(%)	원소	질량비(%)
산소	47	산소	65
규소	28	탄소	18
알루미늄	7.9	수소	10
철	4.5	질소	3
칼슘	3.5	칼슘	1.5
나트륨	2.5	인	1.0
칼륨	2.5	칼륨	0.35
마그네슘	2.2	황	0.25
타이타늄	0.46	나트륨	0.15
수소	0.22	마그네슘	0.05
탄소	0.19	기타 (구리·아연·철 등)	0.7
기타	1.03		

교과서 밖 과학

다이아몬드와 흑연의 엇갈린 운명

다이아몬드와 흑연은 둘 다 탄소(C) 원자로만 이루어져 있다. 최고의 보석으로 사랑받는 다이아몬드는 현재까지 가장 단단한 천연 광물이다. 그러나 흑연은 다이아몬드처럼 투명하지도 단단하지도 않다. 오히려 흑연은 무른 성질이 있어 연필심으로 많이 쓰인다.

똑같이 탄소 원자로 이루어져 있는데 이들의 운명을 갈라 놓은 것은 무엇일까? 물질의 성질은 그 물질을 구성하는 원자의 종류와 수에 따라 크게 달라진다. 그러나 같은 원자로 이루어진 물질이라도 원자의 배열에 따라 물질의 성질이 달라질 수 있다. 다이아몬드와 흑연의 운명은 그 구성 원자인 탄소 원자의 배열에서 찾아볼 수 있다.

1개의 탄소 원자는 4개의 다른 원자와 결합할 수 있다. 다이아몬드 내의 모든 탄소 원자는 다른 4개의 탄소 원자들과 결합하여 아래 그림과 같이 치밀한 그물 구조를 이룬다. 이러한 탄소와 탄소 사이의 결합은 매우 단단하여 잘 끊어지지 않기 때문에 단단한 다이아몬드 결정을 이루는 것이다. 한편, 흑연은 모든 탄소 원자가 다른 3개의 탄소 원자와 결합하여 육각형 모양이 계속 이어져 얇은 판 모양의 결합 구조를 만든다. 그리고 판과 판 사이에 탄소 원자끼리 또 다른 약한 결합을 이룬다. 이때 흑연을 구성하는 육각형의 탄소 결합은 잘

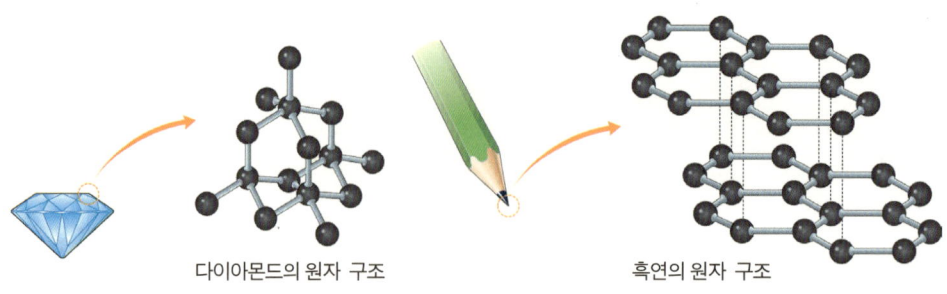

다이아몬드의 원자 구조   흑연의 원자 구조

깨지지 않으나 판과 판 사이의 탄소 결합은 쉽게 깨진다.

다이아몬드는 인류의 역사에서 언제부터 사용했을까? 인도의 드라비다 족은 기원전 7~8세기에 다이아몬드를 처음으로 사용했다고 한다. 로마 시대에는 왕후 귀족만 지닐 수 있는 귀중한 보석이었다. 지금도 값비싼 보석의 대명사로 불리는 다이아몬드는 실제로는 공업 용도로 더 많이 쓰인다. 드릴·절삭 공구·연마재 등에는 모두 다이아몬드가 이용된다.

천연 다이아몬드는 지구 내부에 있는 흑연으로부터 만들어진다. 지각 하부의 매우 높은 열과 압력에 의해 흑연을 구성하는 탄소의 결합 구조가 바뀌어 다이아몬드를 만드는 것이다. 이런 생성 과정에 착안하여 흑연으로 인조 다이아몬드를 만들어 내려는 노력들도 있었다.

인공 다이아몬드의 제조는 1950년대에 미국 제너럴 일렉트릭의 연구소에서 처음 성공했다. 우리나라에서도 1990년대부터 만들기 시작하여 몇몇 회사에서 제품으로 생산하고 있다. 그러나 수천 ℃의 고온과 수만 기압의 고압 상태에서 촉매를 사용해야 하기 때문에 비용이 많이 든다. 이때 만들어지는 인조 다이아몬드는 그 크기가 매우 작은 미립 결정이 대부분이고, 이것들은 대부분 공업용으로 이용된다. 최근에는 가스를 분해해 고체를 얻는 방법으로 저압에서도 다이아몬드를 얻을 수 있는데, 이 역시 공업용으로 사용되는 매우 작은 다이아몬드다.

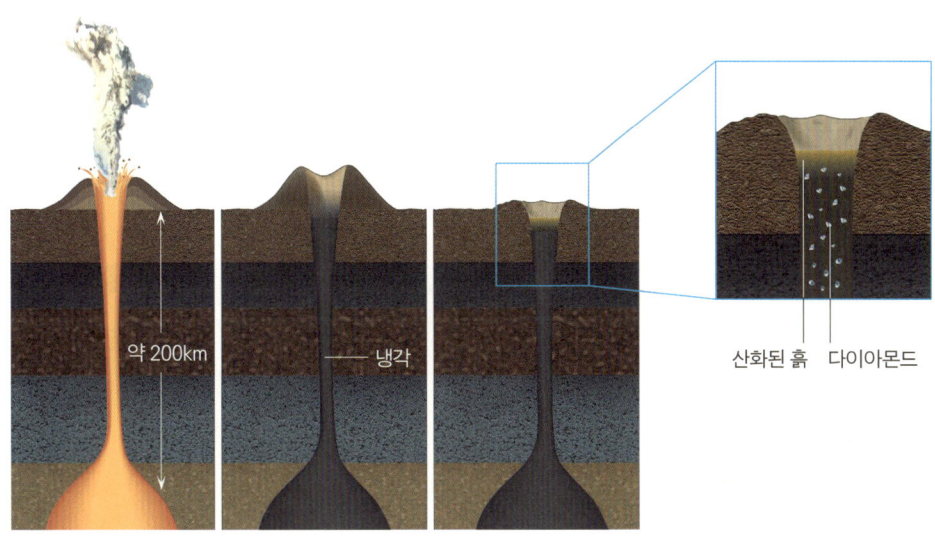

다이아몬드가 생성되는 원리
다이아몬드가 생성되는 근원암은 감람석의 일종인 킴벌라이트이다. 이 킴벌라이트는 지하 160~320km에 위치한 화산암체의 일부를 구성하고 있는데, 이곳의 높은 온도와 압력 조건하에서 생성된 다이아몬드는 마그마의 상승 운동에 의해 지표 부근으로 이동한다.

04 인체의 변화

우리의 몸은 매순간 변하고 있습니다.
시나브로 손톱과 발톱이 자라며, 머리카락도 길어집니다.
이러한 변화는 몸속에서도 일어납니다.
우리 몸에서 일어나는 여러 가지 변화에 대해 알아봅시다.

❶ 날마다 새로워지는 몸

백혈구는 몸에 들어온 세균과 맞서 싸워 우리 몸을 보호하고 항체를 만드는 작용을 해.

혈소판은 피가 날 때 피가 굳도록 하는 역할을 하지요.

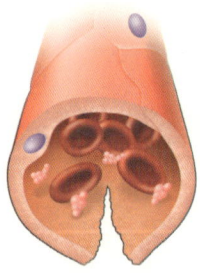
혈관벽이 손상됨.

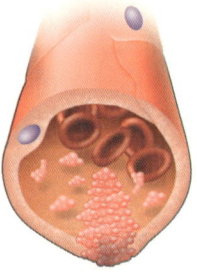
손상된 혈관 부위에 혈소판이 달라붙음.

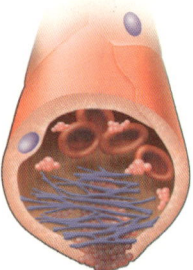
적혈구와 혈소판이 뭉쳐 마개를 형성함.

혈소판의 수명은 겨우 9~12일이야.
애개?

피부나 근육을 구성하고 있는 근섬유도 일정 기간이 지나면 세포를 구성하는 단백질이 새로운 성분으로 교체돼.

역시 우리 몸을 늘 새롭게 하기 위해서야.

하지만 몸을 구성하는 단백질의 종류가 변하는 것이 아니라 단백질을 구성하는 아미노산*이 새로운 것으로 교체되는 거지.

새걸로 바꿔줘.
퍽!

마치 기계 부품이 이상이 생기거나 손상됐을 때 새것으로 교체하는 것과 같은 거란다.

* 아미노산 : 생명 현상을 맡아서 주관하는 단백질의 기본 구성 단위이다. 1806년 '아스파라진'이라는 아미노산이 처음으로 발견되었고, 현재 80종 이상에 이르고 있다.

❷ 몸을 구성하는 성분

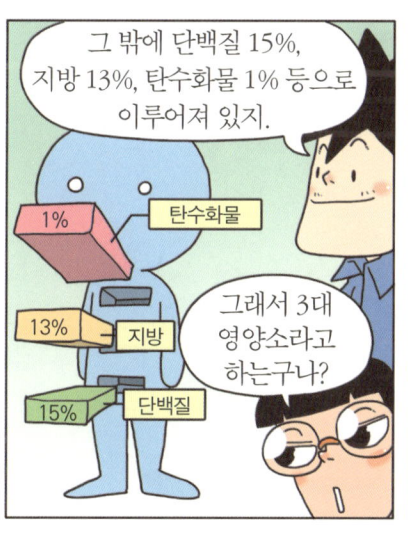

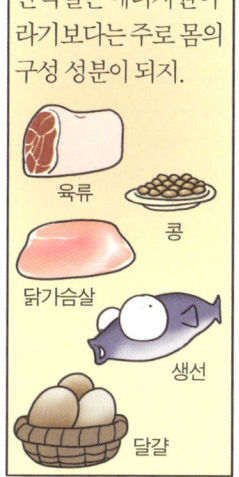

❸ 단백질이 꼭 필요한 이유

단백질은 우리 몸을 구성하는 중요한 구성 성분이야.

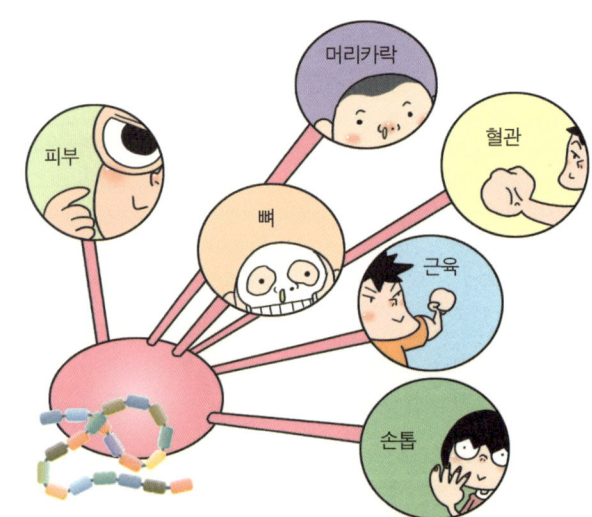

성장 불량

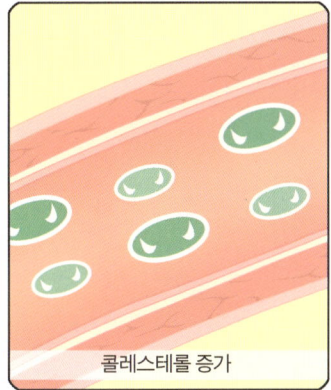
콜레스테롤 증가

면역력 저하

피부가 거칠어지고 잔주름도 생기지.
너 요새 단백질 안 먹지?

또냐?
슈우우우~

머리카락도 건조해지고 설사나 구토 등도 일어나.
이 단백질 부족 환자!

또한 여자들의 경우엔 생리 불순도 생기지.

다른 건 다 이해가 되는데요, 콜레스테롤이 증가한다고요?

몸속에서 다른 영양소로 단백질을 만들려면 축적된 지방을 이용해야 돼.
할 수 없지. 내가 희생해야지.
지방

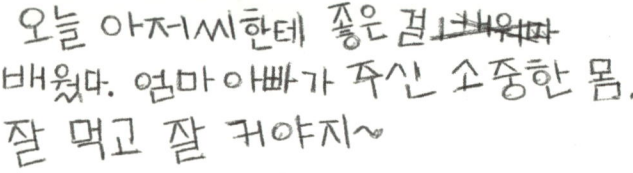

공기로 빵을 만든 과학자, 하버

프리츠 하버(1868~1934)

불과 100여 년 전만 해도 인구의 폭발적 증가에 따른 식량 부족은 인류가 해결해야 할 가장 큰 문제였다. 농경이 시작된 이래 인류는 식량을 거의 토지에 의존해 왔다. 토지에서 생산되는 식량의 주된 유기 구성 성분은 탄소·수소·산소·질소 등이다. 이 중 탄소·수소·산소는 공기 중의 이산화 탄소와 땅속의 물에서 얻는다.

생물체를 구성하는 단백질의 주요 성분인 질소는 대기 중에 78%나 포함되어 있지만, 식물은 공기 중의 질소를 직접 흡수하지 못하고 흙을 통해 흡수한다. 옛날부터 척박해진 땅에는 콩을 심었는데, 콩과 식물은 뿌리에 기생하는 뿌리혹박테리아를 이용해 질소를 흡수할 수 있기 때문이다. 그러나 콩과 식물에 의존하여 질소를 얻는 데는 한계가 있었다. 따라서 식량 생산량을 늘리기 위해서는 질소 성분을 포함하는 비료를 외부에서 공급해 주어야 했다. 오래전부터 이러한 비료로 퇴비나 동물의 배설물을 이용해 왔는데, 19세기 초에는 칠레 사막에서 발견된 초석($NaNO_3$)이 질소 비료의 문제를 다소나마 해결해 주었다. 그러나 이것도 얼마 뒤 바닥을 드러내면서 질소 비료 공급원을 시급히 찾아야만 했다.

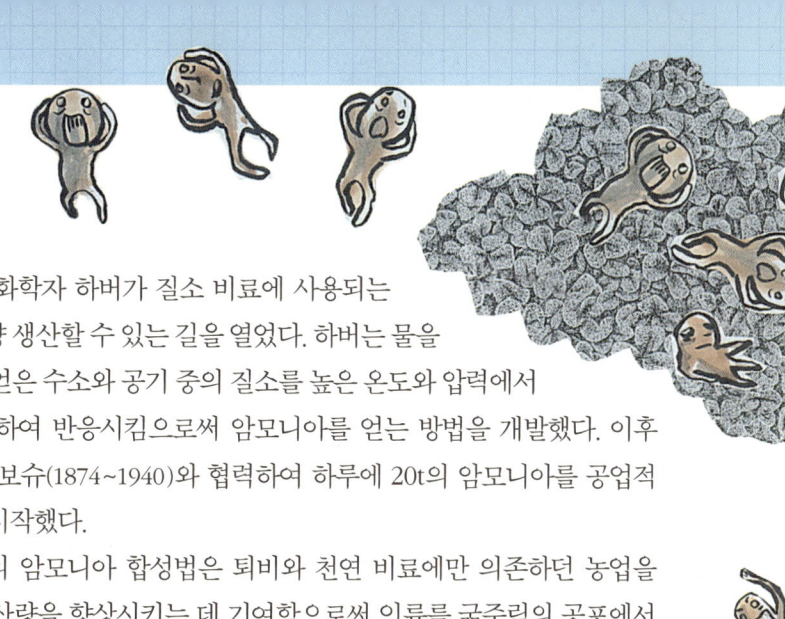

이때 독일의 화학자 하버가 질소 비료에 사용되는 암모니아를 대량 생산할 수 있는 길을 열었다. 하버는 물을 전기 분해해서 얻은 수소와 공기 중의 질소를 높은 온도와 압력에서 철 촉매를 이용하여 반응시킴으로써 암모니아를 얻는 방법을 개발했다. 이후 1913년 하버는 보슈(1874~1940)와 협력하여 하루에 20t의 암모니아를 공업적으로 생산하기 시작했다.

하버와 보슈의 암모니아 합성법은 퇴비와 천연 비료에만 의존하던 농업을 개선해 식량 생산량을 향상시키는 데 기여함으로써 인류를 굶주림의 공포에서 해방시켜 주었다. 이에 공기에서 식량을 생산하는 하버의 암모니아 합성법은 인류 역사상 가장 위대한 발견 가운데 하나로 인정받고 있다. 하버와 보슈는 이 업적으로 각각 1918년과 1931년에 노벨 화학상을 수상했다.

오늘날 세계적으로 농경지에 뿌려지는 질소 비료의 약 40%가 하버-보슈 공정을 통해 합성된 비료이다. 사람이 섭취하는 단백질의 약 75%가 직접 또는 간접적으로 농작물에서 나온다면 전 인류가 섭취하는 단백질의 약 3분의 1이 하버가 개발한 질소 비료에서 나오는 셈이다.

하지만 하버의 암모니아 합성은 인류에게 커다란 재앙을 안겨 주기도 했다. 하버가 대량 생산한 암모니아는 폭약을 생산할 수 있는 질산으로 쉽게 바뀔 수 있기 때문이다. 실제로 하버는 제1차 세계 대전 때 독일의 승리를 위해 생화학 무기인 독가스 개발에도 참여했다.

인류에게 빛과 어둠을 동시에 가져다준 하버의 생애는 과학의 성과물이 인류에게 어떻게 이용되어야 하는지, 그 과정에서 과학자는 어떤 역할을 해야 하는지를 잘 보여 주는 사례라고 할 수 있다.

05 천체를 이루는 물질

하늘에는 태양과 그 주위를 돌고 있는 행성, 그리고 수많은 별이 있습니다. 행성과 별들은 어떤 물질로 이루어져 있을까요? 또한 태양과 같은 별이 스스로 빛을 내는 원리는 무엇일까요?

❶ 행성이 모두 딱딱한 것은 아니다

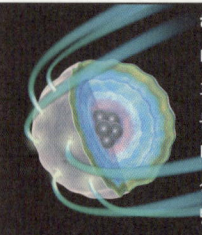

혜성
태양 둘레를 타원 궤도를 그리며 회전하는 천체. 얼음과 먼지, 티끌 등으로 이루어진 핵을 갖고 있다. 태양 근처를 지나면서 얼음이나 기체 성분이 증발하기 때문에 태양과 반대 방향으로 긴 꼬리가 발달한다.

혜성은 얼음과 암석으로 된 핵을 가지고 있으며, 표면에서는 가스와 먼지가 분출되어 '코마'라 불리는 거대한 구름을 형성한다.

❷ 가벼운 수소 기체로 이루어진 별

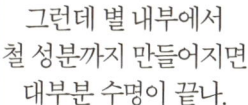

❸ 별들의 생성과 소멸

 교과서 밖 과학

천체와 인간의 몸을 구성하는 물질이 같다?

천체를 구성하는 물질과 인간의 몸을 구성하는 물질은 매우 비슷하다. 별의 생성과 소멸 과정을 보면 천체의 구성 물질들은 연속적인 순환 과정을 거치는 것을 알 수 있는데, 이 물질들이 행성을 구성하기도 하고 생명체의 구성 성분이 되기도 한다. 결국 인간의 몸을 구성하는 성분 물질들은 우주를 이루는 물질들과 비슷할 수밖에 없다. 우리의 몸은 자연에서 와서 자연으로 다시 돌아가는 것이다. 나아가 우리가 주변에서 볼 수 있는 모든 물질들의 구성 성분 역시 근원은 모두 같다고 할 수 있다.

성간 물질
수소가 대부분을 차지하며 별의 폭발로 인해 방출된 다양한 원소들이 포함되어 있다.

원시별의 생성
주로 수소 기체가 모여 압축되면서 원시별을 생성한다. 수소핵 4개가 모여 헬륨을 생성하면서 막대한 에너지를 방출하기 시작한다.

별의 진화
별이 진화하는 동안 수소·헬륨·탄소·질소·산소·네온·마그네슘·철 등의 무거운 원소를 생성한다. 철 성분까지 생성되면 대부분 별의 생명은 끝이 난다.

❶ **오리온 대성운** 오리온자리에 위치한 대표적인 발광 성운으로 중심부에서 새로운 별이 탄생하고 있는 것으로 추정되고 있다.

❷ **플레이아데스 반사 성운** 좀생이 별로 알려진 플레이아데스 산개 성단의 구성 별들 주변의 성간 물질이 중심부에 있는 별빛을 반사하여 푸른색을 띠고 있다.

❸ **말머리 성운** 겨울철 오리온자리에서 관측되는 대표적인 암흑 성운으로 성간 물질이 뒤쪽의 별빛을 가로막아 어둡게 보이는데, 그 모양이 마치 말의 머리를 닮았다고 해서 붙여진 이름이다.

❹ **행성상 성운** 별의 마지막 단계에서 폭발로 인해 형성된 것으로 폭발한 물질이 급격히 팽창하면서 빛을 내는 것이다. 행성상 성운의 중심부에는 별이 남아 있는 경우가 많다.

별의 폭발 별의 바깥층이 폭발할 때에는 핵융합 반응이 다시 일어나며 철보다도 무거운 금·은·납·우라늄 등의 중금속 물질이 생성된다.

인체의 구성 물질
인체를 구성하는 기본 원소들은 수소·산소·탄소·질소·칼슘 등으로 천체 및 우주를 구성하는 성분 원소들과 같다. 결국 인간의 몸을 구성하는 성분은 우주로부터 온 것이다.

4 화학 반응

01 산과 염기의 반응 | 02 소화와 흡수 | 03 화학 전지 | 04 화학 반응과 에너지

01 산과 염기의 반응

생선회에 레몬즙을 뿌리면 비린내를 없앨 수 있습니다. 또한 벌이나 개미 등 벌레에 물려 붓고 가려울 때 암모니아수를 바르면 그 증상이 가라앉지요. 생선 비린내나 벌레의 독을 없애는 이와 같은 방법에는 어떤 원리가 숨어 있을까요?

❶ **산과 염기란 무엇일까?**

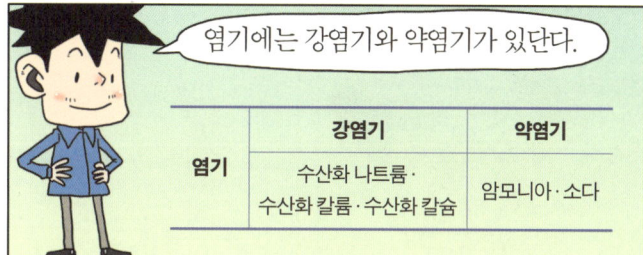

❷ 산과 염기는 어떻게 다를까?

❸ 산과 염기가 만나면?

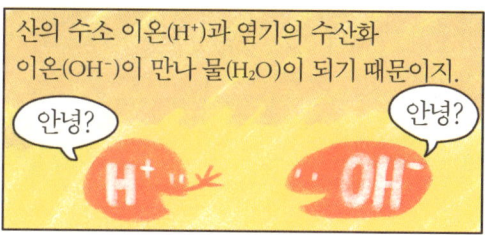

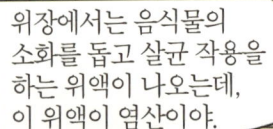
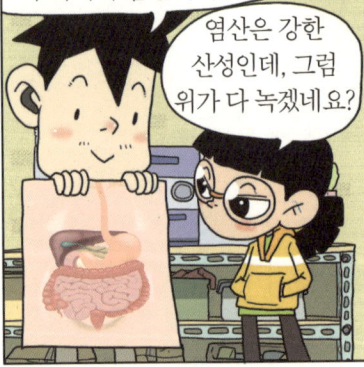

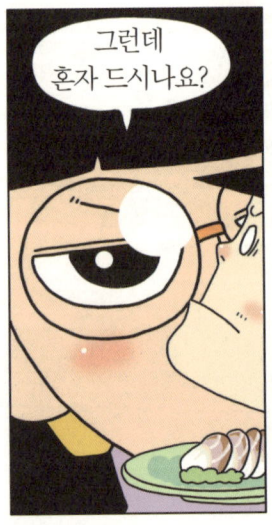

과학 톡톡

석회석과 산의 반응

석회석은 주성분이 탄산 칼슘($CaCO_3$)으로, 산에 넣으면 녹아들어 가면서 이산화 탄소 기체를 발생시킨다. 대리석으로 만들어진 동상이 산성비에 부식되는 것도 대리석의 주성분이 탄산 칼슘이기 때문이다.

수용액의 액성에 따른 pH 시험지의 색 변화

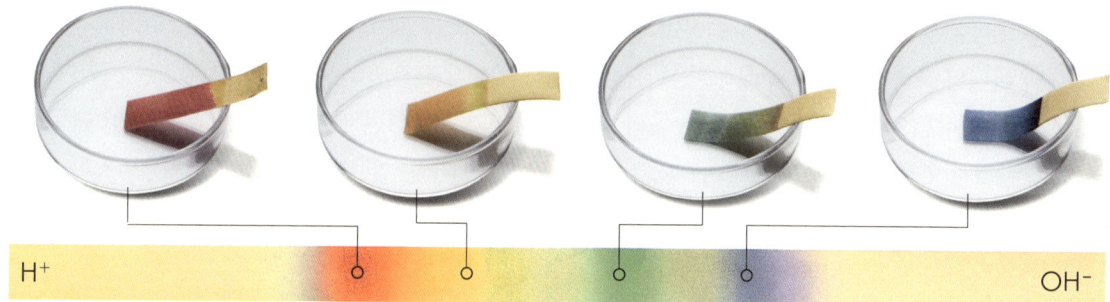

pH 시험지는 수용액의 액성에 따라 연속적인 색 변화를 나타내기 때문에 산과 염기의 세기를 쉽게 확인할 수 있다.

산과 염기의 중화 반응 실험

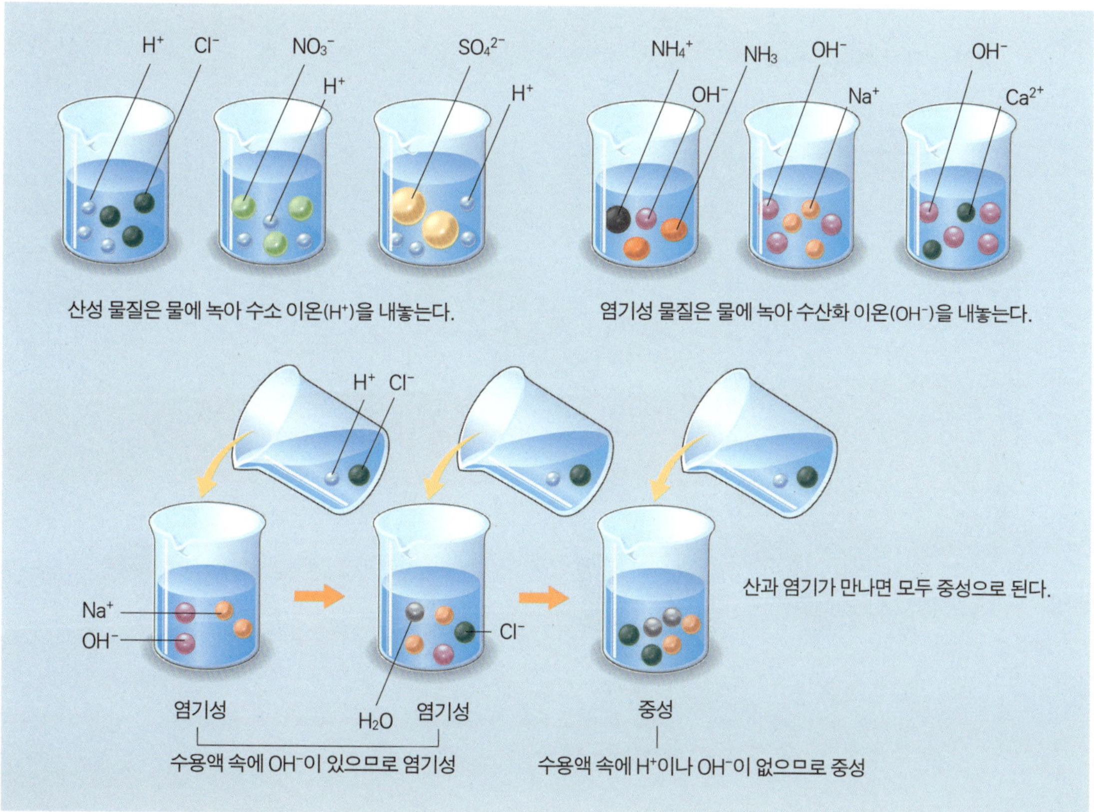

산성 물질은 물에 녹아 수소 이온(H^+)을 내놓는다.

염기성 물질은 물에 녹아 수산화 이온(OH^-)을 내놓는다.

산과 염기가 만나면 모두 중성으로 된다.

수용액 속에 OH^-이 있으므로 염기성

수용액 속에 H^+이나 OH^-이 없으므로 중성

교과서 밖 과학

신맛 나는 과일이 왜 알칼리성 식품일까?

운동을 하고 난 뒤나 무더운 여름철에 알칼리성 이온 음료를 많이 마신다. 그런데 이 음료를 마셔 보면 알칼리성임을 확인할 수 있는 쓴맛은 느껴지지 않는다. 오히려 리트머스 종이로 시험해 보면 산성을 나타낸다. 또한 사과나 귤 등은 신맛이 나는데도 알칼리성 식품으로 분류한다. 왜 그럴까?

우리가 매일 먹는 음식물은 크게 산성 식품과 알칼리성 식품으로 나눌 수 있다. 이런 구분은 겉으로 나타나는 특성으로 결정되는 것이 아니라, 그 식품을 우리가 먹었을 때 몸속에서 분해되어 최종적으로 생성된 물질의 성질에 따라 결정된다. 즉, 산성 식품은 그 자체가 산성을 나타내는 식품이 아니라 몸속에 들어와서 분해된 뒤 산성으로 바뀌는 식품을 말한다. 과일이나 주스는 신맛이 나서 산성 식품으로 생각하기 쉽지만, 우리 몸속에 들어와서 분해된 뒤 알칼리성으로 바뀌기 때문에 알칼리성 식품이다.

산성 물질인 염산(HCl) · 황산(H_2SO_4) · 질산(HNO_3) · 탄산(H_2CO_3) 등을 살펴보면 수소 이온을 만드는 원소인 수소(H)를 제외하고 질소(N) · 산소(O) · 탄소(C) · 황(S) 등의 원소들이 구성 성분이라는 것을 알 수 있는데, 이들은 모두 비금속 원소이다. 또한 염기성 물질인 수산화 나트륨($NaOH$) · 수산화 칼륨(KOH) · 수산화 칼슘($Ca(OH)_2$) · 수산화 마그네슘($Mg(OH)_2$) 등을 살펴보면 수산화 이

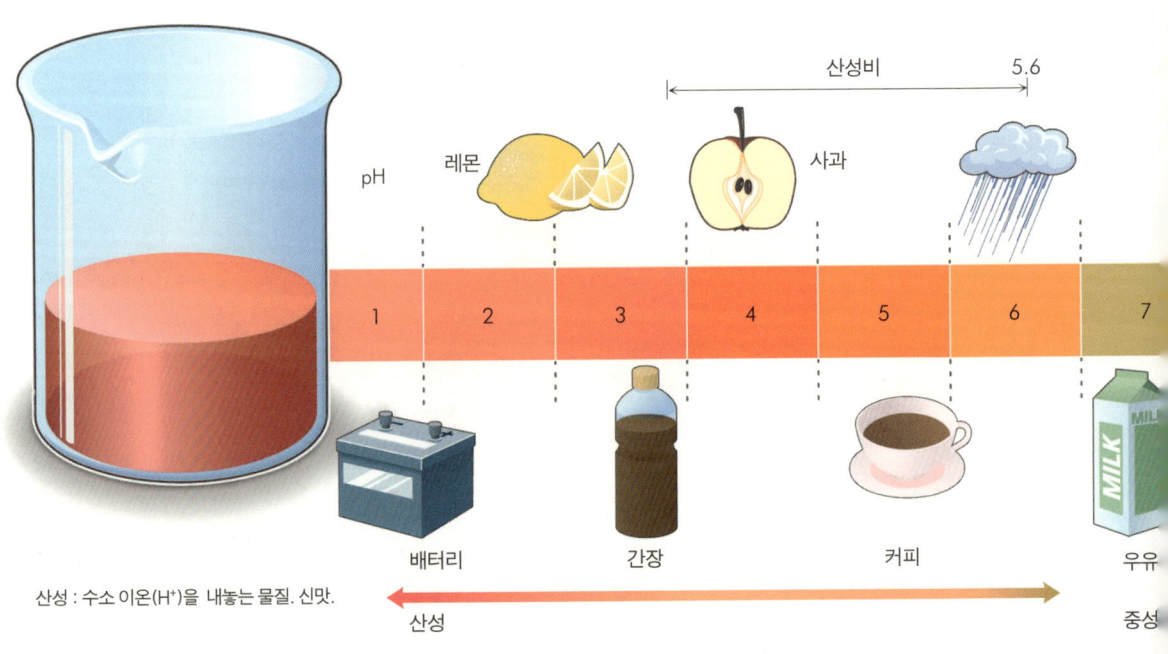

〈여러 가지 물질의 pH〉

산성 : 수소 이온(H^+)을 내놓는 물질. 신맛.

온을 만드는 원소인 수소(H)와 산소(O)를 제외하면 나트륨(Na)·칼륨(K)·칼슘(Ca)·마그네슘(Mg) 등이 그 구성 성분인데, 이들은 모두 금속 원소이다. 따라서 각 식품이 비금속 원소를 많이 함유하면 산성 식품이 되고, 금속 원소를 많이 함유하면 알칼리성 식품이 되는 것이다.

산성 식품에는 고기류·생선류·알류 등의 동물성 식품과 쌀 등의 곡류가 속하는데, 주로 단백질·탄수화물·지방 등의 3대 영양소를 많이 함유한 식품이 여기에 해당한다. 알칼리성 식품에는 채소·과일 등의 식물성 식품과 우유·굴 등이 있는데, 주로 바이타민·무기질 등의 영양소를 많이 함유한 식품이 여기에 해당한다.

결론적으로 알칼리성 이온 음료라는 말은 나트륨이나 마그네슘과 같은 금속 이온이 많이 들어 있다는 뜻이지, 실제 용액의 성질이 염기성이라는 의미는 아니다. 운동을 하고 나면 땀과 함께 몸에서 금속 이온들이 빠져나가는데, 이때 알칼리성 이온 음료를 마시면 빠져나간 이온들을 어느 정도 보충해 줄 수 있기 때문에 몸에 좋다고 하는 것이다.

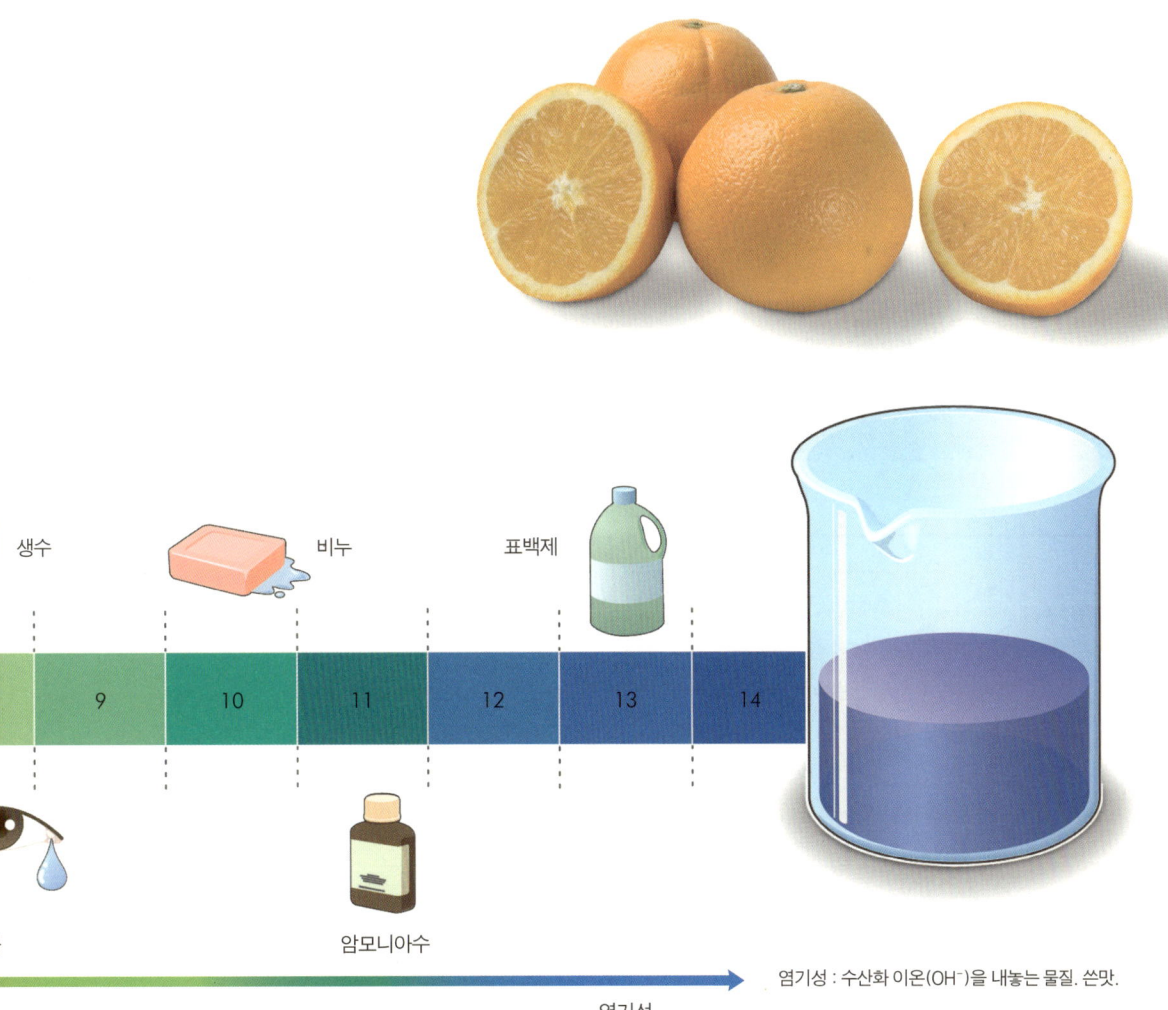

염기성 : 수산화 이온(OH^-)을 내놓는 물질. 쓴맛.

02 소화와 흡수

우리는 먹지 않으면 살 수 없습니다. 배가 고프면 온몸에서 힘이 빠지고, 반대로 배가 부르면 기운이 솟지요. 우리가 먹은 음식물은 뱃속에 들어가면 어떻게 될까요? 위·소장·대장을 지나면서 어떻게 변하기에 음식을 먹으면 힘이 솟는 걸까요?

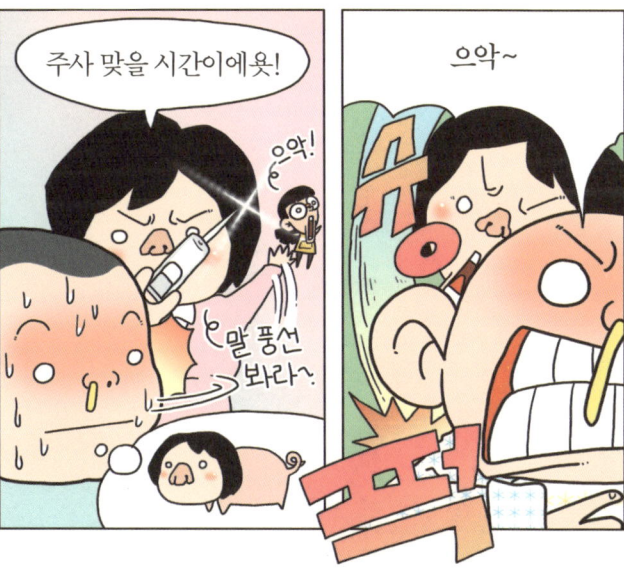

❶ 음식물을 먹는 이유

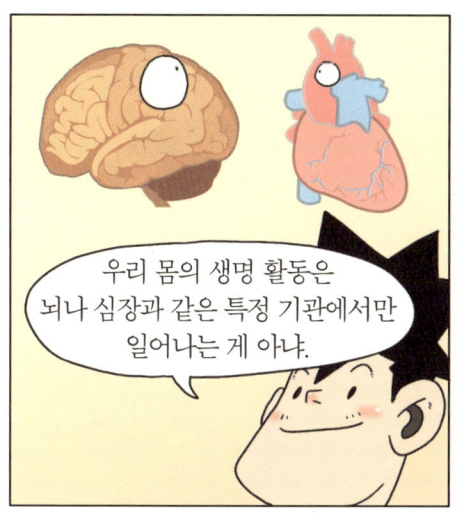

❷ 기계적 소화와 화학적 소화

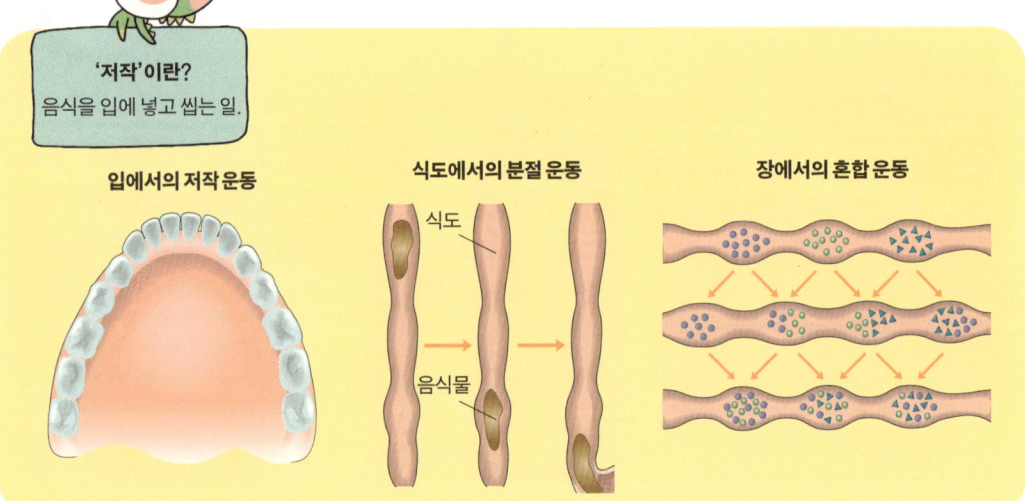

'저작'이란?
음식을 입에 넣고 씹는 일.

입에서의 저작 운동　　　식도에서의 분절 운동　　　장에서의 혼합 운동

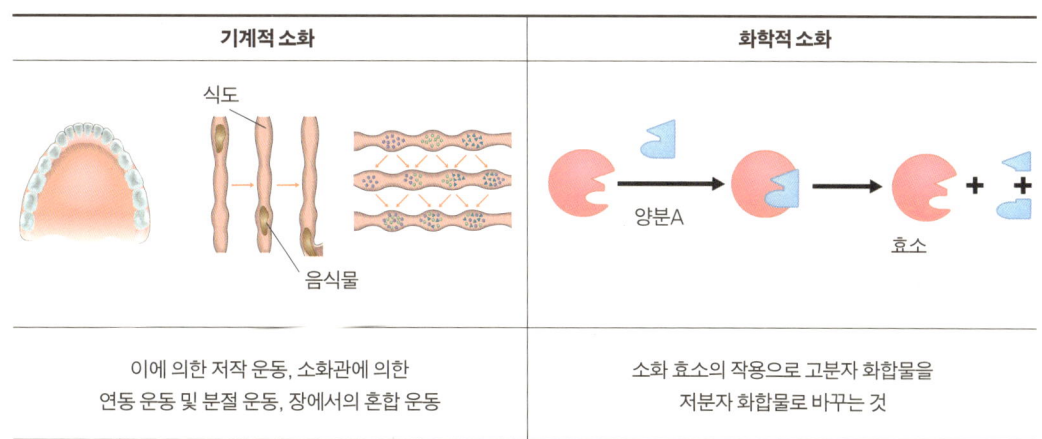

❸ 소화가 이루어지는 과정

분절 운동
반죽되고 섞이는 운동.

❹ 소화된 양분은 장에서 흡수된다

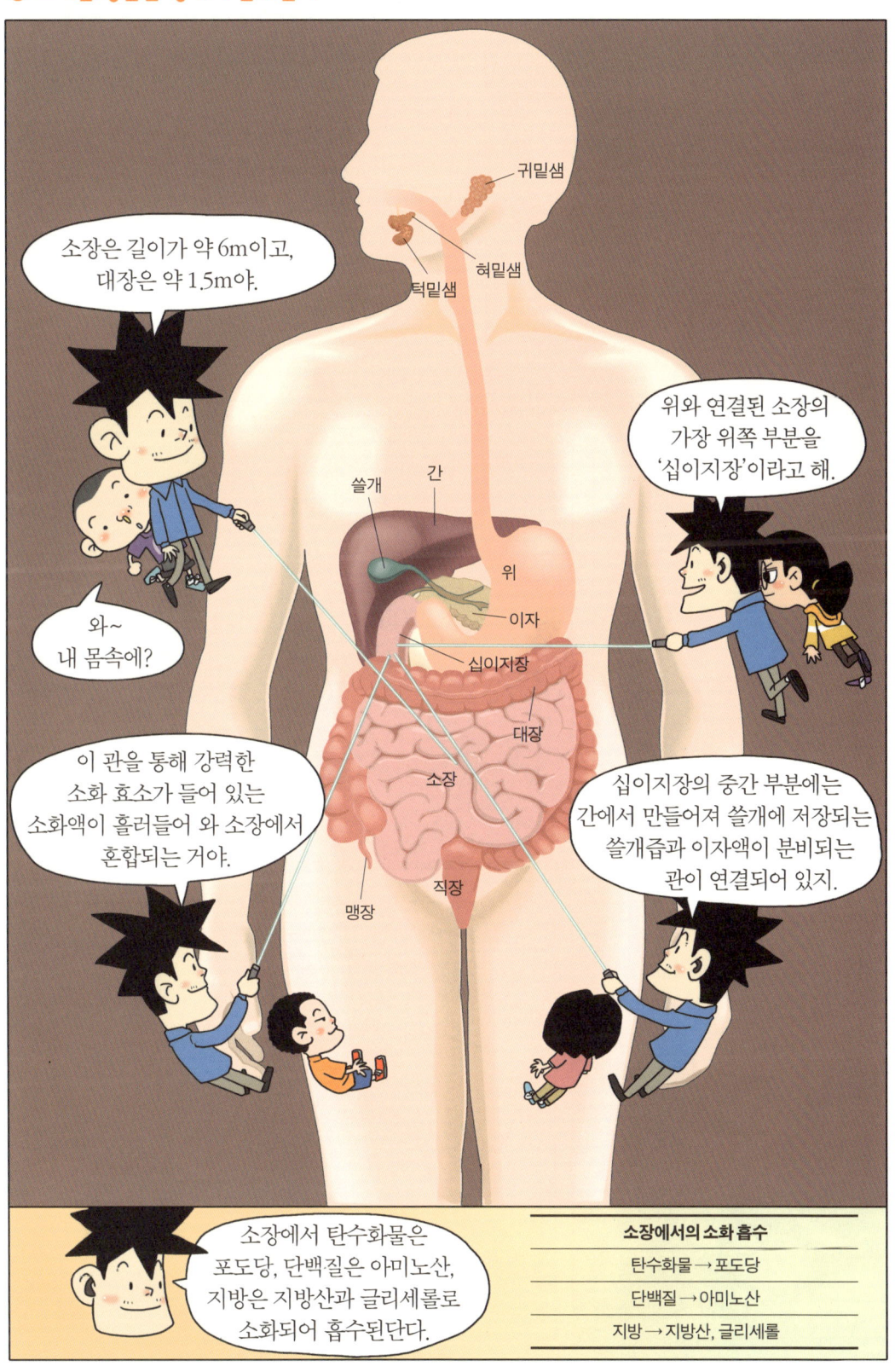

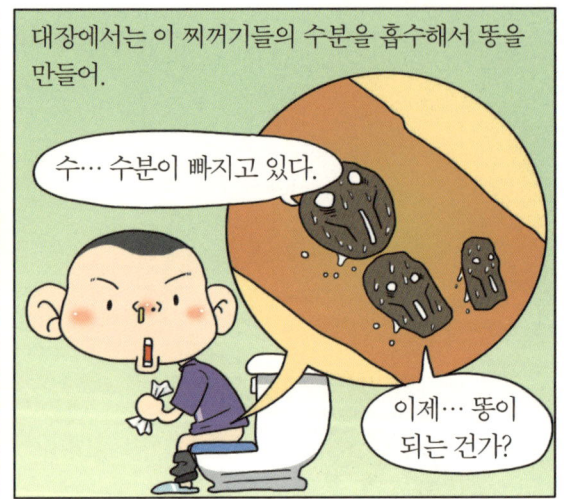

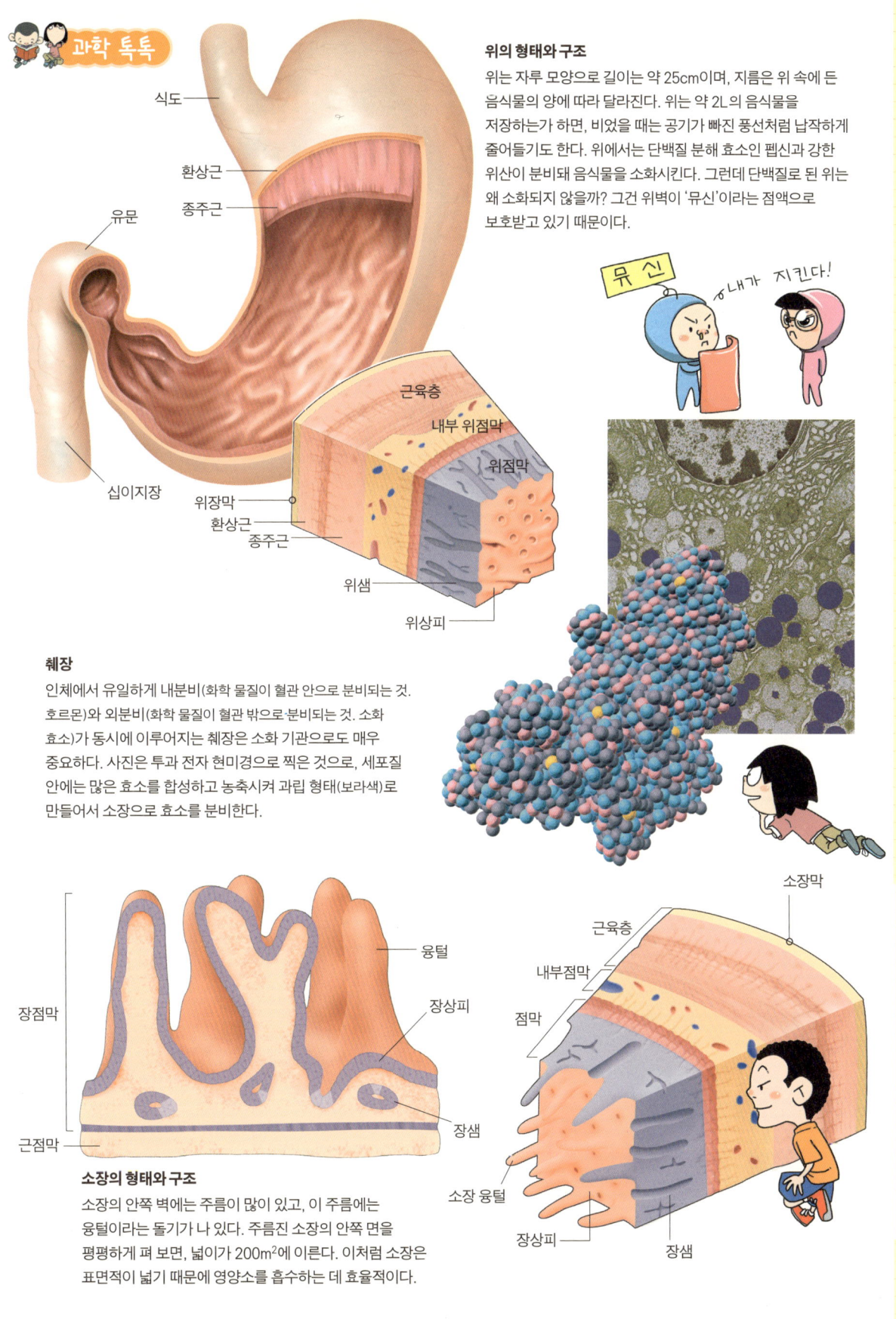

교과서 밖 과학

소화는 어떻게 이루어질까?

소화란 섭취한 음식물을 장에서 체내로 흡수되기에 적합한 크기로 분해하는 과정이다. 음식물의 소화를 위해 입·위·소장·대장과 같은 일련의 소화 기관이 연속적으로 연결되어 있다. 이와 더불어 간과 이자에서는 소화 효소를 생성 분비하여 소화 기관에서의 소화를 돕는다.

십이지장
위장과 소장이 연결되는 부분으로 음식물이 지나갈 때 담즙이 나와서 쓸개액과 췌장에서 소화 효소가 나와서 음식물과 섞인다.
십이지장 안쪽에 있는 많은 융모는 소화된 음식물이 흡수를 돕는다.

소장
십이지장·공장·회장의 3부분으로 나뉘어 있으며, 길이는 약 6m이다.
탄수화물·지방·단백질이 모두 소화되어 흡수된다. 소장의 소화액은 pH8 정도의 약알기성을 나타낸다.

췌장(이자)
몸에 들어온 다양한 음식물의 소화를 돕기 위해서 여러 종류의 효소를 분비한다.

음식물

위
단백질의 화학적 소화가 처음 일어나기 시작한다. 단백질은 고분자 화합물이어서 몇 개의 큰 토막으로 나뉘어야 한다.
위에서 단백질은 펩신에 의해 펩톤으로 분해된다.

위점막
주사 전자 현미경으로 촬영한 위 점막. 점막에 붉은색으로 관찰되는 것이 헬리코박터 파이로리균이며, 이 세균은 사람의 위점막에 기생하는 세균으로 위염에 따라서 여러 가지 위장 질환을 일으킬 수 있다.

헬리코박터 파이로리균

월요일 정오 12시

월요일 오후 3시

월요일 오후 5시

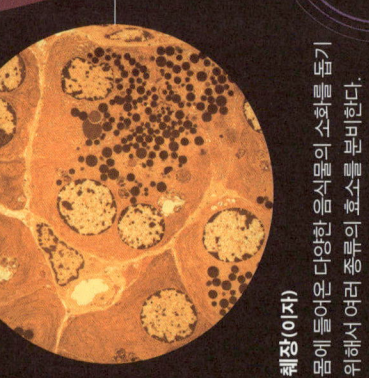

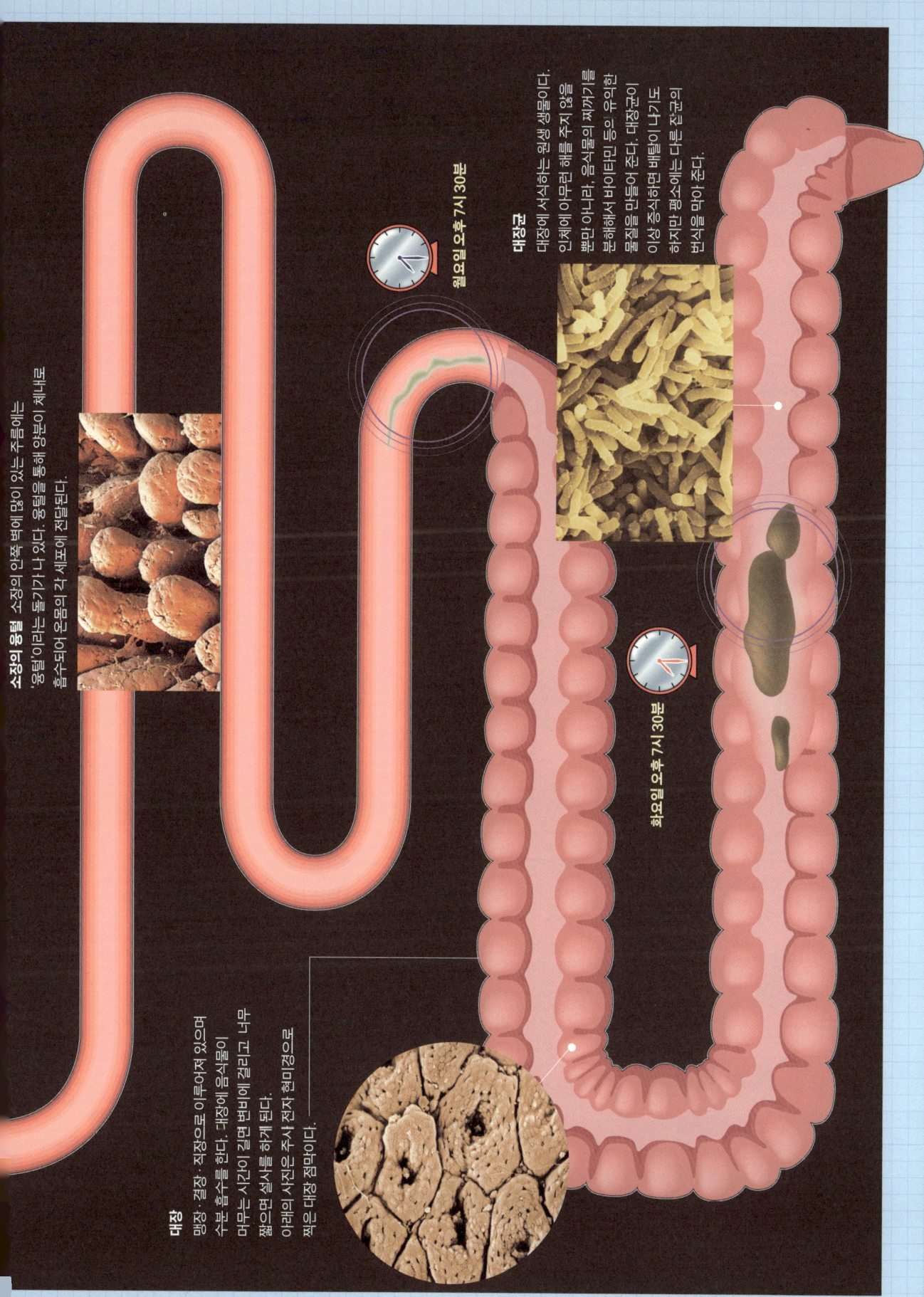

03 화학 전지

검은색으로 변한 은수저를 알루미늄 포일과 소다를 넣은 물에 넣고 가열하면 새것처럼 반짝거립니다. 이와 같은 원리를 발전시키면 카메라나 휴대전화 등에 사용하는 전지도 만들 수 있답니다. 그 원리는 무엇일까요?

띠링

새 메일이 왔습니다.

어? 삼촌이다.

잘 있었니? 삼촌은 지금 고대 유물 발굴단에서 일하고 있단다.

얼마 전에는 금으로 된 작은 찻잔을 발굴했지.

수백 년 동안이나 잠들어 있던 녀석을 깨웠을 때의 감흥은….

우씨~ 잘 자고 있었는데….

❶ 금속마다 다른 물질과 결합하려는 정도가 다르다

❷ 녹 제거의 비밀은 전자의 이동

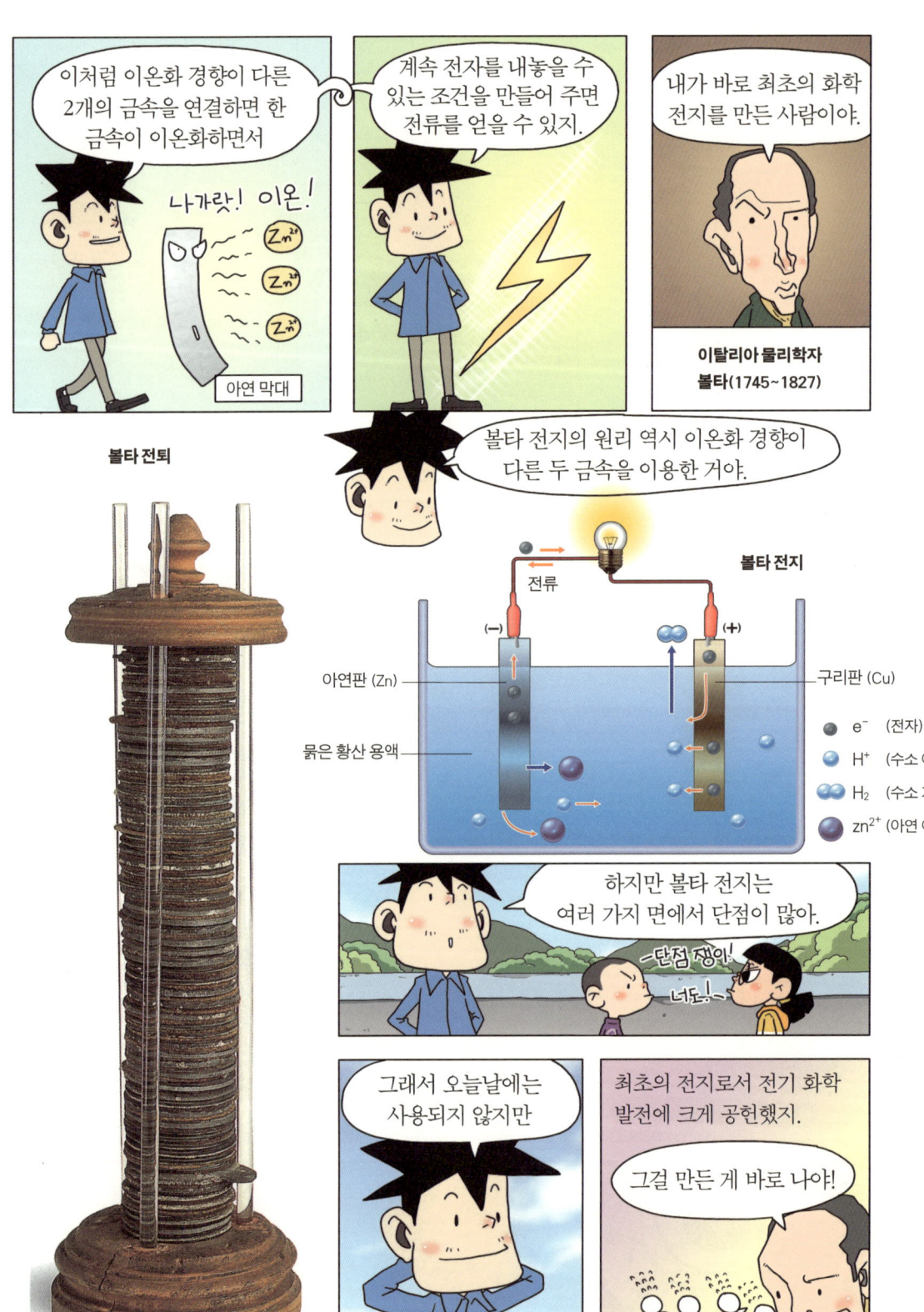

③ 전지의 종류

1차 전지
한 번 소모되면 다시 쓸 수 없는 전지로 망가니즈 전지 · 알칼리 전지 · 수은 전지 · 리튬 전지 등이 있다.

2차 전지
충전하여 여러 번 쓸 수 있는 전지로 납 축전지 · 니켈-카드뮴 전지 · 니켈-수소 전지, 리튬계 전지 등이 있다.

❹ 환경을 생각하는 연료 전지

생물이 일으키는 전기

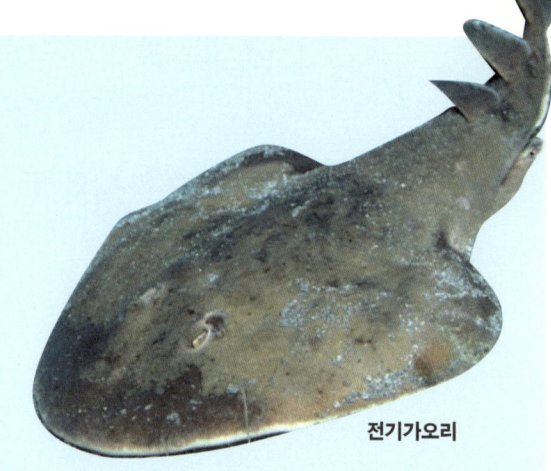
전기가오리

1780년 이탈리아의 의사이며 해부학자인 갈바니는 두 종류의 금속을 죽은 개구리의 근육에 연결했더니 근육이 갑자기 경련을 일으키며 수축하는 것을 관찰했다. 이때 마침 실험 테이블에 놓여 있던 정전기 발생 장치에서 전기 불꽃이 튀었다. 당시 많은 사람이 전기를 흘러 다니는 유체라고 생각했는데, 갈바니도 개구리의 근육 안에 전기 유체가 꽉 차 있어서 전기가 흐르는 것으로 여겼고, 이를 '동물 전기'라고 불렀다. 그는 몸 안에 돌아다니는 전기가 만들어지는 곳은 두뇌라고 생각했으며, 이러한 전기력은 나중에 몸 전체로 배분될 때까지 신경 안에 저장되어 있다고 믿었다. 갈바니의 동물 전기 주장은 나중에 잘못된 것으로 밝혀졌지만, 이후 많은 사람이 생물 전기에 관심을 갖고 연구하는 계기가 되었다.

그런데 실제로 전기뱀장어나 전기메기, 전기가오리는 매우 강력한 전기를 만들어 내기도 한다. 그리고 보통의 살아 있는 생물 세포에서도 약한 전압의 전기가 만들어진다. 전기 물고기가 아닌 생물의 세포는 마치 전지를 병렬로 연결한 것처럼 되어 있기 때문에 흥분했을 때 생기는 전압이 그리 높지 않다. 그러나 전기 물고기는 높은 전압의 전기를 생산할 수 있는 특별한 기관을 가지고 있다. 근육이 변형되어 전기 물고기의 발전 기관이 된 것이다.

근육을 이루는 세포들이 전지를 직렬로 연결한 것과 같은 구조를 이루고 있는 전기뱀장어의 발전 기관에서는 흥분하면 높은 전압이 만들어진다. 이러한 강력한 발전은 공격과 방어에 모두 유용하다. 우리나라 서남해 연안에서 사는 전기가오리는 가슴지느러미 부분의 피부 속에 벌집 모양의 발전기를 갖고 있어 외부의 침입을 막는다. 또한 전기메기는 먹이를 잡을 때나, 적에 대한 방어 수단으로 방전을 한다. 그 밖에 어떤 물고기는 약한 전기를 발생시켜 물체의 탐지 등에 사용한다.

갈바니 실험   전기뱀장어

 교과서 밖 과학

번개의 정체를 찾아서

천둥의 단짝 번개는 인류가 예부터 무서워한 것 가운데 하나였다. 사람들은 하늘이 노해서 번개를 친다고 생각해 왔다. 지금도 번개 때문에 많은 사람이 죽고 화재가 나기도 한다. 특히 전기 설비에서 송전 선로 사고의 절반 이상은 번개 때문에 발생한다. 번개의 정체는 무엇일까?

1752년 미국의 정치가이자 과학자 프랭클린(1706~1790)은 연을 띄우는 실험으로 번개가 전기 현상이라는 것을 증명했다. 프랭클린의 실험 전에도 번개가 전기 현상이 아닐까 하는 추측은 있었다. 1749년에 이미 번개와 전기의 유사성을 밝히는 논문을 현상 공모했기 때문이다. 프랭클린의 실험은 자칫 위험하기까지 했다. 실제로 프랭클린은 번개가 연에 떨어지지 않도록 번개 구름과 멀리 떨어진 곳에서 연을 날렸다.

번개 구름이 (-)전기를 띠고 있으면 연의 표면에는 정전기 유도에 의해 (+)전기가 유도되고, 손 옆에 연결한 금속 고리에는 (-)전기가 유도된다. 프랭클린은 이것을 전기를 모으는 라이덴병에 연결해 전기를 저장하여 번개가 전기 현상이라는 사실을 증명해 보였다.

프랭클린은 뾰족한 금속 막대의 끝에서 일어나는 전기의 특이한 현상에 흥미를 가졌다. 그리하여 금속의 뾰족한 끝은 전기를 쉽게 받아들이고 쉽게 방출한다는 사실을 발견했다.

그는 이를 응용해서 피뢰침을 발명했다. 피뢰침은 건물의 꼭대기에 뾰족한 금속을 달고 이것을 구리선으로 연결, 구리선의 끝을 땅속에 묻은 것이다. 번개는 뾰족하고 높은 곳에 잘 떨어진다. 따라서 피뢰침을 세우면 번개는 피뢰침을 통하여 땅속으로 흘러가게 되므로 근처의 다른 곳은 피해를 입지 않는다.

번개 구름의 정전기 유도에 의해 지면에 반대 극성의 전기가 유도되는데, 이 전기가 지면에 많이 저장되면 번개 구름과 지면 사이에 전위차가 크게 되어 공기의 절연이 깨지면서 낙뢰가 일어난다. 피뢰침의 끝을 뾰족하게 하여 그 끝에서 전기를 공기 중으로 빠져나가게 하면 지면에 전기가 모이기 어려워진다. 따라서 번개 구름과 지면 사이의 전위차가 커지지도 않게 되므로 낙뢰가 잘 일어나지 않는다.

프랭클린은 교회의 지붕에 피뢰침을 가장 먼저 설치했다. 당시 사람들은 번개와 같은 자연 현상은 신의 의지에 의해 발생하는 것이라고 생각했다. 피뢰침을 달아 신의 의지를 막는 행위를 허락할 것인지 말 것인지 교회 관계자들 사이에 의견이 분분했다. 결국 사람의 목숨을 번개로부터 지키는 것도 신의 의지를 따르는 것이라는 결론에 따라 피뢰침을 달기로 했다. 피뢰침은 곧 유럽 전역에 전파되었다. 현재 우리나라에서는 높이 20m 이상의 건물에는 피뢰침을 설치하도록 의무화하고 있다.

번개
번개가 대기 중의 방전 현상이라는 것은 프랭클린의 연 실험을 통해 확인되었다. 번개의 전기량은 1회에 전압 10억V, 전류 수만 A에 이를 정도로 엄청나다. 예를 들어 5,000A의 낙뢰는 100W의 전구 7,000개를 8시간 동안 켤 수 있는 에너지와 맞먹는다.

04 화학 반응과 에너지

추운 겨울날 휴대용 주머니 난로에서 나오는 열로 손을 따뜻하게 녹인 적이 있을 거예요. 이 열은 철이 녹슬면서 발생한 것이랍니다. 이처럼 우리 주변에는 화학 반응이 일어날 때 출입하는 열을 이용하는 예가 많이 있답니다. 이러한 열의 출입은 어떤 과정으로 일어나는 것일까요?

2001년 9월, 뉴욕의 세계 무역 센터 빌딩에 비행기가 충돌했지.

저도 언젠가 TV에서 보고 깜짝 놀랐어요.

우리가 태어나기도 전이잖아!

너무 충격적이었어.

❶ 화학 반응과 에너지 출입

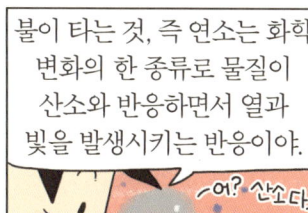

❷ 에너지 방출 반응과 에너지 흡수 반응

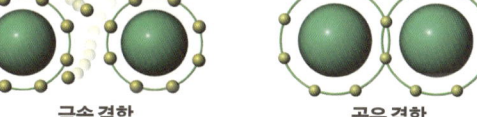
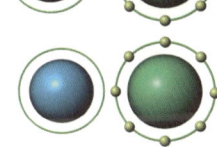

금속 결합　　**공유 결합**　　**이온 결합**

04 화학 반응과 에너지　**185**

식물의 잎에서는 토양으로부터 흡수한 물과 잎의 기공으로 받아들인 이산화 탄소를 이용하여 포도당과 산소를 생성하는 광합성 반응이 일어나. 이 과정은 에너지원으로 태양의 빛 에너지를 흡수하여 사용하는 흡열 반응이지.

❸ 에너지를 방출하는 반응이 저절로 일어나지 않는 이유

❹ 방출하는 에너지를 이용하자

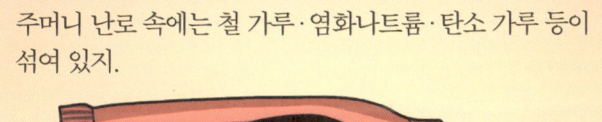

반응이 일어날 때 출입하는 열의 이용

휴대용 주머니 난로는 철이 공기 중의 산소와 결합하여 산화 철을 생성할 때 방출하는 열을 이용한 것이다. 철 가루와 함께 섞어 준 염화 나트륨, 탄소 가루 등은 철 가루의 반응을 빠르게 일어나게 하는 일종의 촉매 역할을 한다. 또한 철 가루는 매우 미세한 것을 이용하는데, 이는 철의 표면적을 넓혀 산소와의 반응이 활발하게 일어나도록 하기 위해서이다. 타박상 치료에 사용하는 휴대용 냉각 팩 안에는 질산 암모늄과 물이 든 비닐 봉지가 들어 있다. 냉각 팩을 힘주어 누르면 내부의 비닐 봉지가 터지면서 물이 나와 질산 암모늄을 녹이는데, 이때 주위로부터 열을 흡수하기 때문에 팩이 차가워진다.

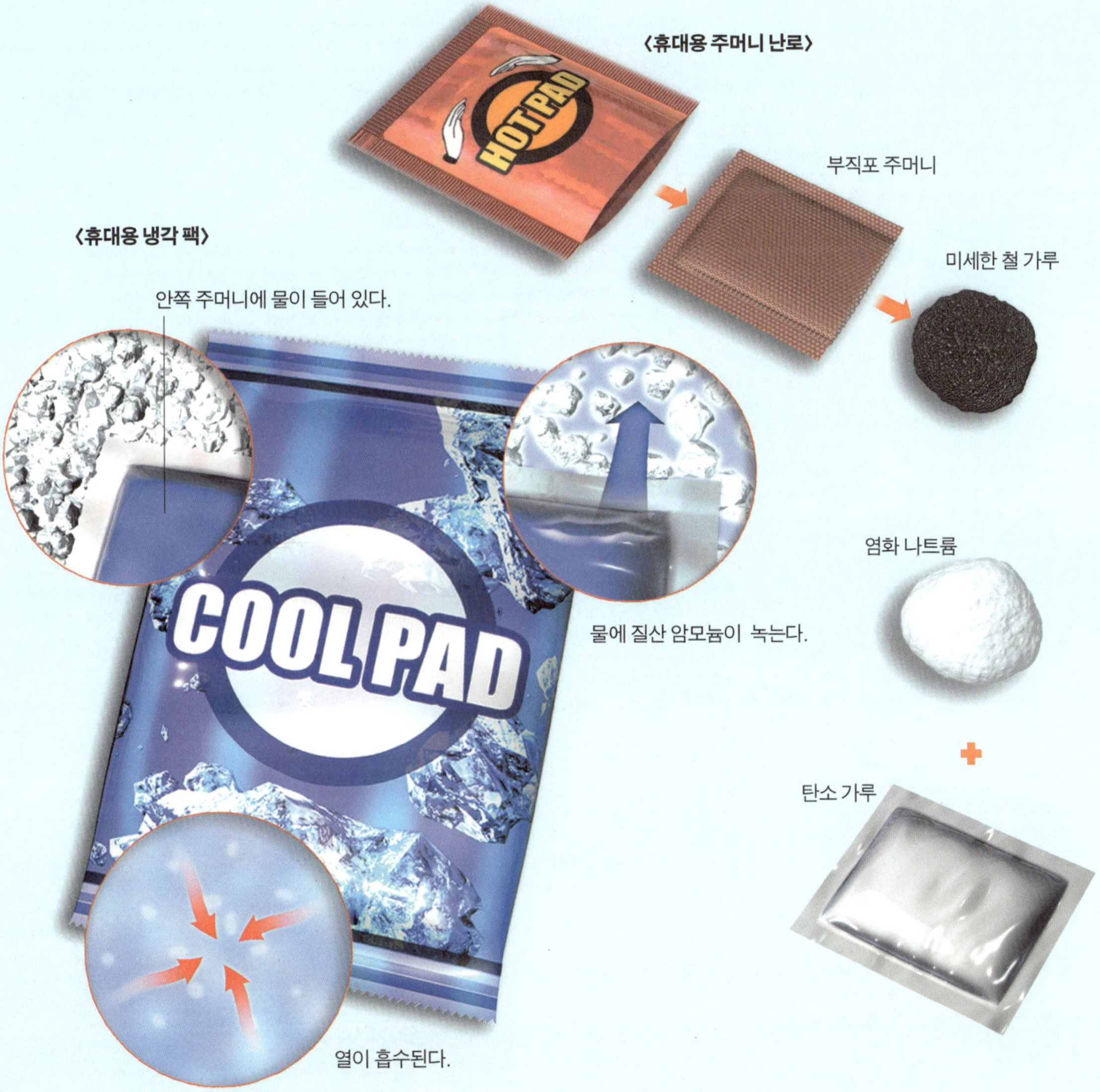

〈휴대용 주머니 난로〉

부직포 주머니

미세한 철 가루

염화 나트륨

탄소 가루

〈휴대용 냉각 팩〉

안쪽 주머니에 물이 들어 있다.

물에 질산 암모늄이 녹는다.

열이 흡수된다.

> 세상을 빛낸 과학, 과학자들

과학 혁명기의 과학 (1543~1734)

과학 혁명은 보통 코페르니쿠스에서 시작되어 뉴턴에서 완성된 것으로 본다. 1543년 코페르니쿠스는 우주의 중심은 지구가 아니라 태양이라는 주장을 담은 책을 출간했다. 지구가 태양 주위를 돈다는 코페르니쿠스의 주장은 당시까지 전혀 의심받지 않았던 아리스토텔레스의 철학과 보통 사람들의 상식을 부인하는 것이었다. 당시 사람들은 지구가 돈다면 높은 탑에서 돌멩이를 떨어뜨렸을 때 돌멩이가 탑의 뒤쪽에 떨어져야 한다고 생각했다.

하지만 이런 일은 일어나지 않았다. 또한 지구와 같이 큰 물체가 빠르게 돌아간다면 지구 표면 위의 물체는 날아가 버릴 것이라는 주장에 대해 설명을 하지 못했다. 이에 코페르니쿠스의 체계를 단지 몇 명의 천문학자들만 사용했다는 것은 놀라운 일이 아니다. 이들 천문학자 중에 케플러와 갈릴레이가 있었다. 케플러는 행성들이 태양 주위를 원이 아니라 타원의 형태로 돌고 있다는 사실을 발견했다. 그리고 행성 운동의 세 가지 법칙을 발견했는데, 이를 통해 코페르니쿠스의 체계에서 훨씬 더 나아간 태양계 모델을 만들 수 있었다.

태양 중심설에 갈릴레이가 한 가장 큰 역할은 운동학과 망원경을 이용한 천체 관측이었다. 그는 관성에 대한 초기 형태의 이론을 세워 회전하는 지구에서 물체가 어떻게 똑바로 떨어지는가를 설명할 수 있었다. 또한 목성의 위성, 금성의 모양 변화, 태양의 흑점 등을 관측하여 아리스토텔레스의 철학과 프톨레마이오스의 이론에 문제가 있다는 것을 확인했다. 이러한 발견들이 결합되면서 태양 중심설은 더 힘을 얻었고, 17세기 말에는 많은 천문학자가 일반적으로 받아들였다. 케플러의 행성 운동의 법칙과 갈릴레이의 역학은 뉴턴의 연구로 완성되었다. 뉴턴의 운동 법칙은 운동학의 단단한 기초가 되었고, 만유인력의 법칙은 지구와 천체를 수학적으로 설명하는 하나의 큰 이론이 되었다. 과학 혁명기에 이루어진 이러한 과학 발전은 천문학과 역학 분야에만 한정된 것은 아니었다. 예를 들어 광학 분야도 로버트 훅, 호이겐스, 데카르트, 뉴턴 등에 의해 크게 발전했다. 현대 과학으로의 완전한 발전은 한 세기 정도 늦게 이루어졌지만 화학과 생물학, 그리고 다른 과학 분야에서도 비슷한 발전이 이루어졌다.

코페르니쿠스

코페르니쿠스(1473~1543)는 1473년 2월 19일 폴란드의 토룬에서 태어났다. 부유한 상인이던 그의 아버지가 1483년에 죽자 코페르니쿠스는 외삼촌이자 교회의 주교였던 루카스의 집에서 자랐다. 열여덟 살이 되던 해에는 대학에 입학하여 4년 동안 의학을 전공했다. 그러나 단순히 의학만을 공부한 것이 아니라 라틴어·수학·천문학·지리학·철학 등도 공부했다. 이때 그가 공부한 천문학은 현대적인 관점으로 볼 때 과학과 거리가 멀다. 당시의 천문학은 아리스토텔레스와 프톨레마이오스의 천동설로 우주를 해석하여 달력을 이해하고 신성한 날을 계산하는 등 수학에 가까웠다. 심지어 사람이 태어난 시각을 이용하여 운명을 점치는 점성술의 방법을 가르치는 곳도 있었다.

1506년 코페르니쿠스는 갑작스럽게 사망한 외삼촌의 뒤를 이어 성직을 승계했다. 이때부터 평소에 관심을 가졌던 천문학에 몰두할 수 있었다. 그러나 그는 실제 관측을 전문으로 한 천문학자라기보다는 이론가였다. 1514년경 코페르니쿠스는 인쇄본이 아닌 손으로 쓴 작은 책 한 권을 출판했다. 이는 《요약》이라는 책으로 태양이 우주의 중심이라는 코페르니쿠스 이론의 출발점이다. 코페르니쿠스는 《요약》을 쓸 당시에 더 방대한 작업을 하기로 결심하고 있었다. 이 작업의 결과 나온 책이 《천체의 회전에 관하여》이다. 코페르니쿠스는 이 책에서 태양 주위를 지구가 돈다고 하는 태양 중심설을 주장했다. 코페르니쿠스는 교황청과의 관계를 생각하여 이 책의 출판을 미루다가 죽기 직전인 1543년에서야 출판된 자신의 저서를 받아 볼 수 있었다. 책의 서문에도 안전장치가 첨가되어 있었는데, 책의 내용은 완전한 가설이어서 그다지 진지하게 받아들일 필요가 없다는 것이 요지였다. 하지만 복잡하지 않으면서 행성의 운동을 잘 설명한 코페르니쿠스의 지동설은 사람들에게 조금씩 퍼져 나가기 시작했다.

코페르니쿠스의 태양 중심설

티코 브라헤

인류가 낳은 최고의 육안 관측 천문학자 티코 브라헤(1546~1601)는 코페르니쿠스가 죽고 3년이 지난 1546년에 태어났다. 그는 한 살 때 큰아버지 집에 양자로 들어갔다. 부유한 큰아버지 집에서 티코 브라헤는 자기가 하고 싶은 것을 거의 다 하면서 자랐다.

티코 브라헤는 1559년 열세 살에 법학을 공부하기 위해 코펜하겐 대학교에 들어갔다. 이듬해 그의 일생을 바꾸어 놓은 사건이 일어났다. 일식을 본 것이다. 당시 그는 단순히 일식이라는 현상에 크게 감명을 받은 것이 아니라 인간이 일식을 정확하게 예언할 수 있다는 데 놀랐다. 천문 현상의 예언에 신성함을 느낀 그는 프톨레마이오스의 천문학 저서인 《알마게스트》를 연구하는 등 관심을 천문학으로 돌리기 시작했다. 이후 천문학을 꾸준히 공부하던 티코 브라헤는 《알마게스트》의 별에 관한 자료에 오류가 있다는 것을 알았다. 그래서 티코 브라헤는 자신이 직접 이 오류들을 수정하리라 결심했고, 평생에 걸쳐 그 일을 했다.

티코 브라헤의 천체 관측은 오늘날 덴마크와 스웨덴의 남쪽 해협에 위치한 벤 섬에서 20년에 걸쳐 이루어졌다. 당시 덴마크의 왕은 그 섬의 주민들이 내는 모든 세금을 그에게 연금으로 주었다. 그 덕분에 티코 브라헤는 아무 걱정 없이 천체 관측에 전념할 수 있었다.

티코 브라헤는 많은 돈을 들여 벤 섬에 거대한 천문대를 설치했다. 이 천문대의 이름을 '우라니엔부르크'라고 지었는데, 이 말은 '우라니아의 성'이라는 뜻이다. 여기서 '우라니아'는 천문을 맡고 있는 그리스 신화 속의 여신을 가리킨다. 당시는 망원경이 발명되기 이전이었는데, 흥미로운 사실은 티코 브라헤가 망원경 없이도 천체 관측이 가능했다는 점이다. 그는 타고난 원시, 즉 천문학을 하기에 좋은 시력을 가진 사람이었다.

티코 브라헤는 관측 천문학자로서는 뛰어났지만 성품에 대한 평판은 좋지 않았다. 그의 괴짜 기질과 괴팍한 성격에 관한 일화가 있다. 그는 대학생 때 누가 더 훌륭한 수학자인가에 대하여 한 학생과 논쟁을 벌였다. 티코 브라헤는 이 문제를 마무리하기 위해 암흑 속에서 결투를 벌였다. 그 결과 그의 코 일부가 잘려 나갔다. 결국 그는 금과 은의 합금으로 된 코를 만들어 붙여야 했다.

티코 브라헤는 신성을 관찰했고 혜성까지의 거리를 측정했다. 그 결과 달 바깥의 세계는 변하지 않는다는 프톨레마이오스의 우주관을 수정할 필요가 생겼다. 그럼에도 티코 브라헤는 지구가 우주의 중심이라 믿었다. 티코 브라헤는 코페르니쿠스의 태양 중심설을 부정하기 위해 별의 시차를 발견할 수 없다는 점을 증거로 내세웠다. 지구가 태양 주위를 돈다면 지구에서 가까운 별을 관측했을 때 그 위치는 6개월 간격으로 크게 달라질 것이다. 그러나 그는 이 간격을 관측할 수 없었다. 사실 그의 시력이 아무리 좋다 해도 이 간격은 너무 작아서 눈으로는 관측할 수 없었던 것이다.

1601년 10월, 티코 브라헤는 어느 귀족이 베푼 만찬에서 소변을 참다가 병을 얻고 말았다. 체면을 중시해 끝까지 참은 결과 고열로 신음하다 세상을 떠났다. 티코 브라헤가 죽고 많은 시간이 지난 뒤 그의 관측 자료들은 케플러에 의해 천문학사에서 큰 빛을 내기 시작했다.

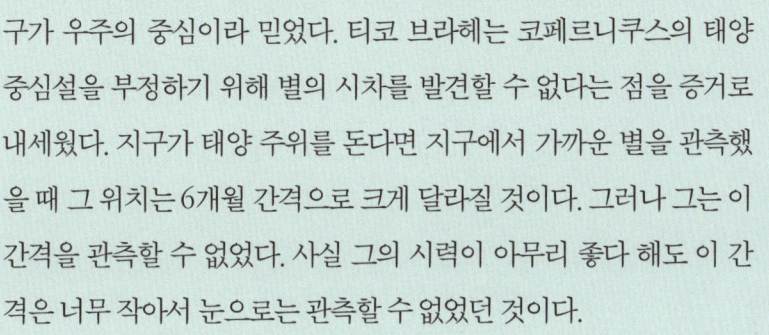

케플러

케플러(1571~1630)는 1571년 12월 27일 독일의 작은 도시 바일에서 태어났다. 그는 태어날 때부터 손가락이 휘어진 상태였고 몸은 몹시 약했으며, 네 살이 되던 해에는 천연두를 앓았다. 이 병으로 인해 그는 평생 지독한 근시로 고생해야 했다. 그의 아버지는 그가 열일곱 살이 되던 해에 군대에 간 뒤 소식이 끊겼다. 평소 천문 현상에 관심을 가졌던 그의 어머니는 나중에 마녀로 몰리기까지 했다. 한마디로 케플러는 출생과 성장 과정이 불운했다.

그러나 영리했던 케플러는 열세 살 때 귀족들이 세운 신교의 성직자 양성 학교에 선발되었다. 그가 코페르니쿠스의 학설을 알게 된 것은 바로 이 시절이다. 그러나 이때까지만 하더라도 그는 천문학을 하나의 관심사로 여겼을 뿐, 인생을 걸 학문으로 생각하지는 않았다.

케플러는 열일곱 살에 튀빙겐 대학교에 입학했다. 여기서 그는 수학과 천문학을 배웠다. 튀빙겐 대학교를 졸업한 뒤 다시 신학을 공부했다. 그러던 중 1594년 오스트리아에 있는 그라츠로 가서 교사 겸 역산학자가 되었다. 역산학자는 천체의 움직임을 계산하여 장래에 일어날 일을 예언하는 점성술사를 말한다. 별 수완도 없고 강의 능력도 부족했던 그는 교사로서는 인기가 없었지만 역산학자로서의 명성은 대단했다. 그는 큰 추위와 터키의 침입을 예언했는데 우연히도 딱 들어맞았던 것이다. 이러한 명성 덕분에 마녀로 몰린 어머니의 목숨도 구할 수 있었다. 그러나 케플러 자신은 점성술에 대한 믿음이 없었다.

케플러의 우주 모형

케플러는 1596년 우주론에 관한 저서인 《우주의 신비》를 썼다. 이 책은 순수한 의미의 과학책이 아니라 약간의 신비적인 요소가 더해진 것이었다. 하지만 이 책으로 그는 유럽 학계에서 일약 유명 인사가 되었다. 이 책을 계기로 케플러는 티코 브라헤와 만날 수 있었다. 티코 브라헤는 자신의 관측 기록을 정리해 나름의 우주 구조를 체계화시켜 줄 조수가 필요했다. 그래서 그는 케플러에게 초청장을 보냈다. 티코 브라헤가 20년 동안 관측한 상세하고 엄청난 양의 자료가 탐이 났던 케플러는 당장 그에게 달려갔다. 그해가 바로 1600년이다. 이 두 사람의 만남으로 '행성의 궤도가 원이 아니라 타원이다.'라는 천문학사의 획기적인 발견이 이루어졌다.

티코 브라헤는 케플러와 작업을 하면서 케플러가 자신보다 앞서는 천문학자가 되는 것을 두려워했다. 그래서 그는 케플러에게 자신의 자료를 모두 맡기지는 않고, 화성 관측 자료만 주어 분석하게 했다. 그 자료의 양만도 엄청났기 때문에 케플러가 그것을 계산하는 동안 자신은 새로운 우주 체계를 세울 수 있을 것이라고 생각했던 것이다. 그러나 티코 브라헤의 이런 얕은꾀가 오히려 케플러에게는 엄청난 행운으로 작용했다. 화성의 운동을 분석한 케플러가 새로운 우주 체계를 세운 것이다. 그래서 오늘날 티코 브라헤는 최고의 육안 관측자로만 남았고, 케플러는 근대 천문학의 기초를 세운 사람으로 평가되고 있다.

갈릴레이

갈릴레이(1564~1642)는 아버지 빈첸초와 어머니 길리아 사이에서 장남으로 태어나 어린 시절을 피사에서 보냈다. 갈릴레이가 여덟 살이 되던 해에 그의 가족은 아버지 고향인 플로렌스로 이주했다. 그러나 갈릴레이는 피사에 혼자 남아 의학 공부를 했다. 의학 공부는 갈릴레이에게 그다지 매력적이지 않았다. 유클리드 기하학 강의를 들은 갈릴레이는 수학에 더 관심을 가졌다.

갈릴레이는 자신의 관심 분야인 수학과 자연 철학을 공부하느라 의학 공부를 열심히 하지 않았고, 결국 학업을 포기했다. 그는 혼자 수학 공부를 계속하여 물질의 상대적인 비중을 결정하는 아르키메데스의 방법에 대해 설명한 논문을 한 편 썼다. 이 논문이 계기가 되어 스물다섯 살에 피사 대학교의 수학 교수가 되었다.

망원경을 최초로 발명한 사람은 독일의 안경 업자였지만, 하늘을 관측하기 위해 최초로 망원경을 사용한 사람은 갈릴레이였다. 그 당시 갈릴레이가 사용한 망원경은 오늘날의 아마추어 천문가가 가진 매우 싼 망원경보다 성능이 좋지 않았다. 그러나 그가 하늘에서 관측한 것들은 당시의 철학적 기초였던 아리스토텔레스의 우주관을 뿌리째 흔들기에 충분했다. 그 당시 교회는 갈릴레이의 망원경 속에 악마가 들어 있어 상을 만들어 낸다고 주장하면서 보지 않는 것이 좋다고 할 정도였다.

망원경을 통한 갈릴레이의 천문학적 발견들은 1610년 5월에 얇은 책으로 출판되었는데, 이 책은 많은 사람을 흥분시켰다. 갈릴레이는 이 책에다 달에 산이 있으며, 은하수는 수많은 작은 별의 집합이며, 목성 주위에 4개의 작은 위성이 있다는 사실을 적었다. 1610년에는 금성을 관측하여 금성의 위상이 달과 같이 변한다는 사실을 발견했고, 이를 통해 금성은 지구의 주위를 도는 것이 아니라 태양 주위를 돌고 있다는 확신을 갖게 되었다.

갈릴레이는 자신이 망원경으로 발견한 사실들이 지동설을 증명하지는 못하지만 충분한 증거는 될 수 있다는 것을 알았다. 그는 개인적으로는 코페르니쿠스의 생각을 지지했지만, 이에 대해 공식적으로 입장을 밝히지 않음으로써 논쟁에 휘말리지 않았다.

1632년 갈릴레이는 플라톤의 《대화》라는 책의 구성을 흉내 내어 《신과학 대화》라는 책을 출간했다. 그는 이 책에서 두 가지 우주 체계가 모두 가설적인 체계라고 가정하면서, 오직 하느님만이 알 수 있다고 표현하여 교황청의 검열을 무사히 통과했다. 그러나 객관적으로는 코페르니쿠스의 우주 체계에 유리한 내용을 담고 있었다. 갈릴레이가 쓴 책은 그 당시 연극으로도 공연될 정도로 인기를 끌었다. 교회 당국은 갈릴레이가 법을 어기지는 않았지만 가톨릭의 권위를 침해했다고 판단했다.

   1633년 6월 22일, 종교 재판소는 갈릴레이를 불러들여 이단적인 주장을 취소하고 앞으로는 영원히 교회의 교리에 따를 것을 명령했다. 갈릴레이는 재판소의 명령에 순순히 따랐다. 그때 갈릴레이는 "그래도 지구는 돌고 있다."라는 유명한 말을 남겼다고 한다. 그러나 이 말이 기록으로 남아 있는 것은 아니다. 종교 재판에서 갈릴레이는 사형을 선고받았다. 그러나 곧이어 무기로 형이 줄어들었고, 이틀 뒤에는 피렌체에서 가까운 어느 시골의 별장으로 주거가 제한되었다.

   갈릴레이는 심한 눈병으로 시력을 잃어 가면서도 저작 활동을 멈추지 않았다. 이번에는 하늘의 별들에 대해서가 아니라 지상의 물체 운동에 관한 새로운 과학을 쓰는 일이었다. 1636년 그의 나이 일흔세 살에 이에 관한 원고를 완성했다. 물론 출판은 허락되지 않았다. 이 원고는 좀 더 자유로운 분위기였던 네덜란드로 보내져 인쇄되었다. 이 책이 《두 새 과학에 관한 논의와 수학적 논증》이다. 이 책에서 갈릴레이는 관성 개념의 기초를 닦았다.

갈릴레이의 망원경

뉴턴

아이작 뉴턴(1642~1727)은 1642년 크리스마스에 태어났다. 그해는 근대 역학의 창시자 갈릴레이가 죽던 해이다. 뉴턴의 아버지는 서른일곱 살이 되어서야 이웃 농가의 딸과 결혼했지만 뉴턴이 태어나기 석 달 전에 세상을 떠나고 말았다. 남편의 죽음으로 낙심한 어머니는 뉴턴을 조산했다. 태어날 당시 뉴턴의 몸은 몹시 작아 1L들이 우유 컵에 쑥 들어갈 정도였고, 몇 달 동안은 부목으로 고개를 받쳐 주어야 할 정도였다. 다행히 뉴턴은 어머니의 보살핌으로 건강하게 자라났다.

뉴턴의 어머니는 아들이 농장 일을 하기를 원했지만, 그의 능력을 알아본 외삼촌의 권유와 격려 덕분에 계속 공부할 수 있었다. 친척들은 그를 장차 의사나 목사로 키워 가문을 빛내 보려고 했던 것이다. 캠브리지 대학교 학생 시절 뉴턴은 장학금을 받았지만, 초기에는 유클리드의 《기하학 원본》조차 이해하지 못했다. 뉴턴은 대학 시절 기계 만지기를 좋아했던 평범한 학생이었다. 그런 그가 교수 자리까지 오르게 된 것은 자신의 스승 아이작 배로 덕분이었다. 배로는 1663년 캠브리지 대학교에 수학 강좌가 신설되자 초대 교수로 부임해 왔다. 고전 수학자로 출발한 배로는 자기보다 열두 살 아래인 뉴턴에게 남다른 후의를 베풀었다. 덕분에 뉴턴은 1664년에 정식으로 학사 학위를 받았다.

1664년 캠브리지에 페스트가 유행하여 많은 사람이 도시를 떠났다. 페스트는 그 당시 런던 인구의 10%를 죽게 한 무서운 병이었다. 결국 캠브리지 대학교도 휴교했고, 잠시면 끝날 줄 알았던 휴교는 무려 18개월 동안이나 계속되었다. 이 기간 동안 뉴턴도 고향인 울즈소프로 돌아갔다. 훗날 뉴턴은 이 일을 젊은 날에 있었던 가장 운 좋은 사건으로 회고했다. 이 시기는 뉴턴에게 있어 창조적인 휴가였던 셈이다.

"내가 완성한 연구는 모두 1665년부터 1666년까지 페스트가 퍼지고 있던 2년 동안에 이루어진 것이다. 이때만큼 수학과 철학에 마음을 두고 중요한 발견을 한 적이 없었다."

이때 그가 가장 몰두한 연구 가운데 하나는 '달이나 행성이 왜 타원 궤도를 그리며 도는가?' 하는 것이었다. 오랫동안 집중적으로 연구한 끝에 뉴턴은 행성들의 운동을 지배하는 힘의 법칙, 즉 만유인력의 법칙을 이끌어 내었다. 이 힘에 의해 달은 지구 주위를 돌고 있으며, 지구를 비롯한 행성들은 태양의 주위를 돌고 있다고 설명한 것이다. 여기서 더 나아가 뉴턴은 지구상에 있는 모든 물체가 아래쪽으로 떨어지는 현상까지 이 힘으로 설명했다. 그렇기에 사과나무 아래에 앉아 명상에 잠겨 있을 때 사과가 떨어지는 순간 만유인력의 법칙을 깨달았다는 일화도 생겨났다.

케플러의 법칙은 행성의 운동을 정확하게 기술할 수 있었지만, 이는 관측 자료를 바탕으로 한 경험 법칙이었을 뿐 행성이 왜 그렇게 운동하는가를 설명할 수 없었다. 그러나 뉴턴은 만유인력의 법칙과 운동에 관한 3가지 법칙으로 행성의 모든 운동을 완전하게 설명할 수 있었다.

뉴턴은 1722년 여든 살에 신장 결석으로 투병하다 5년 뒤인 1727년에 여든다섯 살의 나이로 세상을 떠났다. 그는 근대 과학을 완성한 사람임에도 겸손했다. 뉴턴은 다음과 같이 말했다.

"내가 이 세상에 어떻게 비칠지 모른다. 그러나 나 자신의 눈에 비친 나는 밝혀지지 않은 진리의 큰 바다가 눈앞에 가로놓여 있는 그 물가에서 장난을 치며 조약돌이나 조개를 줍고 좋아하는 어린아이처럼 생각된다."

코페르니쿠스가 시작한 천문학의 혁명, 갈릴레이가 시작하여 거의 완성했던 역학 혁명은 위대한 뉴턴의 종합으로 완결되었다. 뉴턴이 밝혀 낸 자연의 비밀 덕분에 우리는 달나라에 다녀왔고, 태양계 끝으로 우주 탐사선을 보낼 수 있게 되었으며, 우주의 끝에 대하여 탐구할 수 있게 되었다.

초등학생을 위한 맨 처음 과학 2 물질 세계의 비밀을 밝혀라

글 | 김태일
그림 | 마정원
원작 | 홍준의 · 최후남 · 고현덕 · 김태일

1판 1쇄 발행일 2007년 5월 14일
개정판 1쇄 발행일 2016년 9월 30일

발행인 | 김학원
경영인 | 이상용
편집주간 | 정미영
기획 · 편집 | 박민영 윤흥
디자인 | 김태형 유주현 최우영 구현석 박인규
마케팅 | 이한주 김창규 이정인 함근아
저자 · 독자서비스 | 조다영 윤경희 이현주(humanist@humanistbooks.com)
스캔 · 출력 | 이희수 com.
용지 | 화인페이퍼
인쇄 | 삼조인쇄
제본 | 정성문화사

발행처 | 휴먼어린이
출판등록 | 제313-2006-000161호(2006년 7월 31일)
주소 | (03991) 서울시 마포구 동교로23길 76(연남동)
전화 | 02-335-4422 팩스 | 02-334-3427
홈페이지 | www.humanistbooks.com

ⓒ 김태일 · 마정원, 2016

ISBN 978-89-6591-318-4 77400
ISBN 978-89-6591-315-3(세트)

만든 사람들

기획 | 정미영(jmy2001@humanistbooks.com)
편집 · 스토리 | 고홍준
편집 | 정은미 윤흥
디자인 | 김태형 최우영 디자인시

◎ 이 도서의 국립중앙도서관 출판예정도서목록(CIP)은 서지정보유통지원시스템 홈페이지(http://seoji.nl.go.kr)와 국가자료
  공동목록시스템(http://www.nl.go.kr/kolisnet)에서 이용하실 수 있습니다. (CIP제어번호: CIP2016020475)
◎ 이 책은 저작권법에 따라 보호받는 저작물이므로 무단 전재와 무단 복제를 금합니다.
◎ 이 책의 전부 또는 일부를 이용하려면 반드시 저작권자와 휴먼어린이 출판사의 동의를 받아야 합니다.
◎ 사용연령 8세 이상 종이에 베이거나 긁히지 않도록 조심하세요. 책 모서리가 날카로우니 던지거나 떨어뜨리지 마세요.